Danke, Dani, du hast mit großer Leidenschaft
alle meine Speisen ausprobiert und aufgegessen!

Li Hong

Der Duft meiner Heimat

Die wunderbaren Rezepte meiner chinesischen Familie

Der Duft meiner Heimat

Die wunderbaren Rezepte meiner chinesischen Familie

Text und Bilder von Li Hong
Info-Illustrationen von Daniel Dytert

GERSTENBERG

Die Geschichten

Die Vorfahren 14
Die Fische im Bach 21
Der Bambuswald 24
Sichuan – die Heimat meiner Mutter 31
Sichuanpfeffer 38
Meine Eltern 44
Die Ehe 52
Leben in Peking 58
Der Kindergarten im Tierpark 67
Das Frühlingsfest 73
Das Mondfest 82
Meine Tante 86
Azalee und Kürbiskuchen 98
Das Boot 101
Nordchinesischer Bauerhof 103
Kastanien 109
Mein Mann und ich 116
Mein Mann in China 125

Die Rezepte

Vorspeisen, Suppen, Teigspeisen
Gedämpfte Zuckerschoten mit Füllung 19
Hühnersuppe mit Bambus 27
Sauer-scharfe Suppe 37
Selleriesalat mit Räuchertofu 50
Frühlingsrollen 54
Chinesische Teigtaschen 80
Glasnudelsalat 95
Zucchinipfannkuchen 112
Wan-Tan-Suppe 114
Gebratene Nudeln mit Huhn in Schwarzbohnensauce 120
Baozi-Hefeknödel mit Füllung 128

Schwein, Rind, Lamm
Duftendes Schweinefilet 18
Doppelt gegarter Schweinebauch 36
Nach Fisch duftendes Schweinefleisch 39
Rindfleisch in scharfer Sauce (sehr scharf) 41
Peking-Feuertopf 62
Schweinefilet mit salziger Sojabohnenpaste 65
Schweinerippchen in roter Sauce 77
Rindfleisch in roter Sauce 85
Schweinebauch in roter Sauce 90
Rindfleisch mit schwarzen Sojabohnen 111
Schweinehackbällchen in süßsaurer Sauce 121
Gebratenes Rindfleisch mit Spargel 123

Gemüse & Tofu mit Fleisch
Mapo-Tofu 35
Tofu mit Hühnerfleisch in dunkler Sauce (scharf) 51
Tofu mit Hackfleischfüllung 64
Knusprige Auberginentaler 69

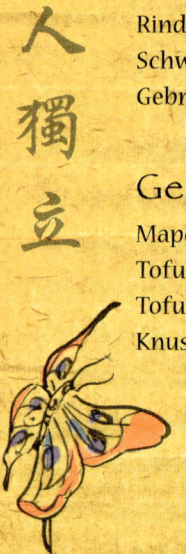

Gebratene Glasnudeln mit Sauerkraut und Schweinefleisch 106
Grüne Bohnen mit Hackfleisch 110
Kartoffeln mit Schweinefleischstreifen (scharf) 122

Vegetarisch

Nach Fisch duftende Auberginen (scharf) 48
Spinat mit Pinienkernen 66
Schnittknoblauch mit Eiern 84
Salat mit Walnüssen in Austernsauce 91
Zuckerschoten mit Knoblauch 94
Mais mit Pinienkernen 113

Fisch & Meeresfrüchte

Gedämpfter Fisch 20
Fisch mit Hackfleischfüllung 22
Fischfilet in scharfer Sauce (sehr scharf) 49
Chinakohl mit Krabben 68
Scholle in scharfer Sauce 76
Riesengarnelen in Ingwersauce 79
Fischfilet in roter Sauce 107

Huhn & Ente

Bambussprossen mit Huhn 25
Hühnerbrust mit Erdnüssen 40
Pekingente 70
Duftende knusprige Ente 83
Hühnerfleisch mit Cashewkernen 92
Lotosblättertaschen mit Klebreis und Huhn 100
Kastanien mit Huhn 108
Hühnerflügel in roter Sauce 124

Desserts

Bernstein-Walnüsse 26
Klebreisknödel mit Schwarzsesamfüllung 78
Kürbiskuchen 99

Vorwort

Das milde Licht der Wintersonne scheint durch das Fenster auf den dunkelroten Esstisch, um den herum wir alle sitzen. Mühsam strecke ich einen Löffel voller Suppe in Richtung meiner Eltern, damit sie für mich pusten. Auf einer Kommode dampft eine heiße Teekanne, das Gesicht meiner Eltern liegt leicht im Nebel, die roten Blumen auf der Bluse meiner Mutter sehe ich aber deutlich. Die Suppe wärmt mich von innen. Dies ist meine früheste Erinnerung an meine Heimat und Kindheit.

Viele Jahre bin ich jetzt weit weg von dort, lange Zeit litt ich unter starkem Heimweh. Nachts ging ich in meinen Träumen auf Reisen – zurück in meine Kindheit, in der meine Eltern und Verwandten viel Zeit in der Küche verbrachten. Wenn ich aufwachte, meinte ich immer noch den aromatischen Duft nach Essen in der Nase zu haben.

Irgendwann fing ich an, die Rezepte meiner Familie zu sammeln und nachzukochen; das leckere Essen stillte meinen Hunger, der vertraute Geschmack mein Heimweh. Mit dem Geschmack tauchten viele schöne Erinnerungen wieder auf, die ich in der Zwischenzeit vergessen hatte. Durch die Türen des Gedächtnisses, die sich langsam eine nach der anderen vor mir öffneten, lief ich wieder in der Abenddämmerung durch die Stadt meiner Kindheit. Vorbei an hell erleuchteten Küchenfenstern, hinter denen chinesische Familien rund um den Esstisch saßen, der voller dampfender Schalen stand.

天涯共此時

Die Vorfahren

»Die Familie ist wie ein Baum, und die Herkunft ist die Baumwurzel«, sagt mein Vater. Obwohl er schon über vierzig Jahre in Peking wohnt, fährt er, sobald er etwas Zeit, hat in seine Heimat. »Ich muss mir dort Energie und Erleuchtung für mein Leben holen.« Am Nachmittag steigen wir in Peking in den Zug und fahren durch das ganze trockene und gelbe Nordchina nach Süden. Am nächsten Morgen, nach dem Aufwachen, erblicken wir durch das Zugfenster eine poetische Landschaft, die wie gemalt in der Morgendämmerung liegt: hohe grüne Berge, die üppig von Bäumen, Bambus und anderen Pflanzen bedeckt sind. Zahlreiche

namenlose Dörfer schmiegen sich in Bambuswäldern neben hellen Flüssen ans Ufer oder verstecken sich in tiefen Bergtälern.

Der Heimathof meines Vaters liegt in den Bergen in der Region Huizhou, einem Bezirk der Provinz Anhui, der wegen seiner schönen Architektur und feinen Küche in ganz China bekannt ist. Fremde verirren sich nur selten dorthin – hier leben die Menschen noch sehr ursprünglich. Jahr für Jahr pflanzen sie ihren Reis an, ernten das Gemüse und züchten Schweine und Hühner. Sie heiraten Leute aus den Nachbardörfern, die nicht weiter als zwanzig Kilometer entfernt liegen. Nach der Hochzeit ziehen die Töchter zu ihren Männern, die Söhne dagegen bleiben zu Hause, und die neuen Frauen ziehen zu ihnen. Deshalb haben die Leute in dem kleinen Dorf fast alle den gleichen Familiennamen: Hong. Wir haben dieselben Vorfahren …

Die Gräber der Vorfahren zu besuchen ist meinem Vater immer wichtig. In der Region gibt es kaum ebene Orte, die Grabstellen liegen an den Hängen direkt neben den Bergpfaden. Wegen der feuchten Luft in Südchina und der schnell wachsenden Pflanzen und ihrer zerstörerischen Kraft ist es in der Bergregion schwierig, die Grabstätten unserer Vorfahren zu erhalten. Wir besuchen immer zuerst die Gräber der Eltern meines Vaters, also meines Opas und meiner Oma. Da diese immer wieder fast vollständig von den wild wuchernden Pflanzen überwachsen sind, schneiden wir mit scharfen Messern die Pflanzen weg, eine harte Arbeit. Dann lassen sich langsam die Grabsteine erkennen, auf denen die Namen meiner Großeltern sowie die Geburts- und Todesdaten stehen. In der Mitte darüber ist eine Zahl eingraviert, »48« auf Chinesisch. Neben dem Grab meiner Großeltern ist schon das für meine Eltern vorbereitet, auf dem Stein steht »49«. In China ist es üblich, Gräber für die lebenden Familienmitglieder vorzubereiten, es bringt sogar Glück. Nicht weit entfernt liegt das Grab meiner Urgroßeltern, darauf steht »47«.

»Vor eintausend Jahren lag an der Seidenstraße die blühende Stadt Dunhuang, die bis heute berühmt ist für ihre alte Kultur und wunderbare Höhlenmalerei«, erzählte uns mein Vater einmal die Geschichte der Zahlen auf den Gräbern. Gegen Ende der Tang-Dynastie (618–907 n. Chr.) war die Seidenstraße wegen innerer Konflikte und zunehmender Angriffe der Nomaden langsam am Verblühen. Viele Familien flohen

我的祖先

vor dem Krieg, suchten ein sichereres Leben und zogen nach Südchina. Es war bestimmt eine harte Reise damals: von einer Wüstenstadt im Norden nach Südchina, wo sie über tausend Kilometer entfernt einen Flecken in den Bergen für sich fanden. Das feuchte Klima gefiel ihnen sehr gut. Hier blieben sie, gründeten ein Dorf und fingen an, ein einfaches Bauernleben zu führen. Zu diesen Menschen zählte die erste Generation meiner Familie. Bis zu meinen Eltern sind es jetzt schon 49 Generationen, ich bin dann die fünfzigste. Dafür stehen die Zahlen auf den Gräbern meiner Vorfahren. Die

Mein Vater und seine Verwandten

Geschichte meiner Familie wird seit tausend Jahren nur mündlich überliefert, weil meine bäuerlichen Vorfahren nicht schreiben konnten. Wie sie vor tausend Jahren in der Wüstenstadt gelebt haben, weiß deshalb keiner mehr.

Meine Vorfahren haben einen schönen Ort mit guten Lebensbedingungen gefunden. Hier gedeiht alles, was man pflanzt: Reis, Gemüse und Obst. Es gibt viele Fische im Fluss, die man fangen, und Bambussprossen in den Bergen, die man ausgraben kann. Und es gibt eine tolle Küche, in der all diese Geschenke der Natur verwendet werden.
»Die Familie ist wie ein Baum, und die Herkunft ist die Baumwurzel.« Jedes Mal, nachdem er Essen aus seiner Heimat genossen hat, ist mein Papa glücklich und zufrieden. Er fährt so oft in seine Heimat wegen des Essens, vermute ich manchmal. Sogar später, als er als Wissenschaftler die ganze Welte bereiste und überall die verschiedenen fremden, leckeren Speisen probiert hatte, stand doch für ihn die Anhui-Küche in seinem Herzen immer an erster Stelle. »Das Essen ist die Nahrung des Baumes, es verbindet die Baumwurzel mit den Blättern«, ergänze ich den Spruch meines Vaters.

Xiang Jian Zhu Pai
Duftendes Schweinefilet

Zutaten für 4 Personen
- 500 g Schweinefilet
- 50 g Mehl
- 3 EL Pflanzenöl

Für die Marinade
- 5 Knoblauchzehen, geschält und fein gehackt
- je 2 EL dunkle und helle Sojasauce
- 1 TL Zucker
- 1 TL Salz
- ¼ TL Fünfgewürzpulver (Asialaden)
- 2 Lorbeerblätter

🍲 Das Schweinefilet in ca. 1 cm dicke Scheiben schneiden. Die Scheiben zwischen Klarsichtfolie mit dem Nudelholz flachklopfen. Das Fleisch wird dadurch zarter.

🍲 Alle Zutaten für die Marinade in einem großen, flachen, verschließbaren Behälter mischen. Die Filetscheiben darin über Nacht im Kühlschrank marinieren lassen.

🍲 Das marinierte Schweinefleisch in Mehl wenden. Das Öl im Wok erhitzen und die Filetscheiben bei mittlerer Hitze goldbraun braten.

🍲 Das duftende Schweinefilet heiß mit gekochtem Reis servieren.

Nai Zhi Dou Jia

Gedämpfte Zuckerschoten mit Füllung

Zutaten für 2–3 Personen

Für die gefüllten Schoten
- 100 g Hackfleisch (vom Schwein)
- ½ Lauchzwiebel, fein gehackt
- 0,5 cm Ingwer, geschält und fein gehackt
- Salz
- 200 g Zuckerschoten

Für die Sauce
- 100 ml Milch
- 1 TL Saucenbinder
- Salz
- ½ rote Paprikaschote, fein gewürfelt

- Das Hackfleisch mit Lauchzwiebel, Ingwer und Salz vermischen.
- Die Zuckerschoten auf einer Seite öffnen, mit Hackfleisch füllen und mit der Öffnung nach oben nebeneinander in den Bambusdämpfer legen. Deckel auflegen.
- Den Wok zur Hälfte mit Wasser füllen. Zum Kochen bringen, Bambusdämpfer hineinstellen und die Schoten 4 Minuten dämpfen.
- Inzwischen die Milch in einem Topf erhitzen. Saucenbinder, 1 Prise Salz und die Paprikawürfel in die heiße Milch einrühren.
- Die Zuckerschoten auf einem Teller anrichten, mit Sauce übergießen und sofort servieren.

Mein Vater feiert seinen 70. Geburtstag.

Qing Zheng Yu
Gedämpfter Fisch

Zutaten für 2 Personen

- 1 küchenfertiger Barsch (ca. 500 g)
- 1 cm Ingwer, geschält und fein gehackt
- 2 EL Reiswein
- 1 EL Pflanzenöl
- 2 Lauchzwiebeln, in ca. 5 cm lange, dünne Streifen geschnitten
- 1 EL helle Sojasauce
- ½ TL Zucker
- 1 Prise weißer Pfeffer
- Salz

▮ Den Fisch auf einen Teller legen, Ingwer und 1 EL Reiswein darüber verteilen.

▮ Den Wok zur Hälfte mit Wasser füllen. Zum Kochen bringen, Bambusdämpfer hineinstellen und den Fisch auf dem Teller bei geschlossenem Deckel 8 Minuten dämpfen. Den Fisch auf einen sauberen Teller legen und warmhalten.

▮ Den trockenen Wok erneut erhitzen, 1 EL Öl hineingeben und die Lauchzwiebeln bei starker Hitze kurz anbraten. Wok vom Feuer nehmen.

▮ Restlichen Reiswein, Sojasauce, Zucker, Pfeffer, Salz und 2 EL Wasser unter die Lauchzwiebeln rühren. Den Fisch damit übergießen und heiß mit gekochtem Reis servieren.

清蒸鱸魚

Die Fische im Bach

Seit seinem zwölften Lebensjahr arbeitete mein Vater als Köhler. Tief in den Bergen musste er Holzkohle brennen, um seine Schulgebühren zu finanzieren. Etwa einhundert Kilogramm Kohle musste er allein vom Berg auf den Markt hinunterbringen, dort bekam er ein bisschen Geld. »Wie viel?«, fragte ich ihn. »Ich konnte damals ungefähr dreieinhalb Kilogramm Reis dafür kaufen.« So wenig Lohn für so schwere Arbeit ist für unsere Generation unvorstellbar, aber auch deswegen lauschten meine Schwester und ich immer gespannt seinen Geschichten. Mithilfe anderer Köhler baute er Lehmöfen, in denen die aufgeschichteten Holzscheite, die sie zuvor aus gefällten Bäumen geschnitten hatten, tagelang verkohlt wurden. Dabei musste man stets genau den Rauch beobachten, der aus dem Ofen stieg. Dann entschied man, wann man den Ofen schloss. »Und wie?«, fragte ich neugierig. »Da braucht man viel Erfahrung, man kann es nur sehr schwer erklären«, sagte er nicht ohne Stolz.

Vor dem Hof der Familie floss ein Bach, dessen Quelle hoch oben in den Bergen lag. Er war klar und kalt. Im heißen Sommer, wenn mein Vater vom Markt zurückkehrte, sprang er oft in das kühle Wasser. In dem Bach gab es viele Felsen und Steine, zwischen denen sich die Fische versteckten, wenn sie aufgescheucht wurden. Man konnte sie leicht mit einem halben Bambusstamm fangen, da sie in ihrem Versteck wie in der Falle saßen. Nach dem Schwimmen sortierte mein Vater die gefangenen Fische; die großen verkaufte er an Restaurants, die kleinen brachte er nach Hause. Meine Oma schabte die Schuppen mit dem Messerrücken ab, nahm die Innereien heraus und dämpfte die Fische ein paar Minuten. Dann goss sie Öl und Sojasauce darüber, so blieb das Fleisch zart und schmeckte frisch und natürlich. Oder sie füllte die Fische mit Hackfleisch und schmorte sie mit Sauce im Wok – das war für meinen Vater wie eine Belohnung. Die ganze Mühe hatte sich gelohnt und machte sogar Spaß, sobald er sich die Bissen mit dem köstlichen Fisch schmecken lassen konnte.

Hong Su Zun Yu
Fisch mit Hackfleischfüllung

Zutaten für 4 Personen
- 2 küchenfertige Forellen (à ca. 350 g)
- 6 EL Pflanzenöl
- 1 Lauchzwiebel, in dünne Ringe geschnitten
- 1 cm Ingwer, geschält und fein gehackt
- 2 Knoblauchzehen, fein gehackt
- 1 EL Speisestärke
- 1 TL Sesamöl

Für die Füllung
- 100 g Hackfleisch vom Schwein oder gemischt
- 30 g luftgetrockneter Schinken, fein gehackt
- 50 g Bambussprossen aus der Dose, fein gehackt
- 1 cm Ingwer, geschält und fein gehackt
- 1 Lauchzwiebel, in dünne Ringe geschnitten
- 1 EL helle Sojasauce
- 1 EL Reiswein
- 1 TL Zucker
- 1 EL Speisestärke
- Salz

Für die Panade
- 1 Ei, verquirlt
- 3 EL Speisestärke

Für die Sauce
- 1 EL helle Sojasauce
- 1 TL dunkle Sojasauce
- 1 EL brauner Essig
- 1 EL Reiswein
- 1 TL Zucker
- 200 ml Hühnerbrühe

▣ Die Forellen am Rücken im Abstand von 2 cm mit einem scharfen Messer mehrmals einschneiden.
▣ Alle Zutaten für die Füllung gründlich vermischen und in den Bauch der Forellen füllen. Die gefüllten Fische im Ei und anschließend in der Speisestärke wenden.
▣ 5 EL Öl im Wok erhitzen und die gefüllten Forellen bei mittlerer Hitze goldbraun braten, je Seite 3 Minuten. Die Fische vorsichtig aus dem Wok heben und beiseitestellen.
▣ Restliches Öl im Wok erhitzen. Lauchzwiebel, Ingwer und Knoblauch dazugeben und bei mittlerer Hitze kurz pfannenrühren. Alle Saucenzutaten dazugeben und aufkochen lassen. Die gefüllten Fische wieder in den Wok geben, Deckel auflegen und das Ganze bei milder Hitze köcheln lassen. Nach 10 Minuten die Fische vorsichtig herausheben und auf einen Teller legen.
▣ Die Hitze wieder erhöhen. Speisestärke mit 2 EL kaltem Wasser verrühren und die Sauce damit binden. Sauce über die Fische gießen, das Gericht mit etwas Sesamöl beträufeln und heiß mit gekochtem Reis servieren.

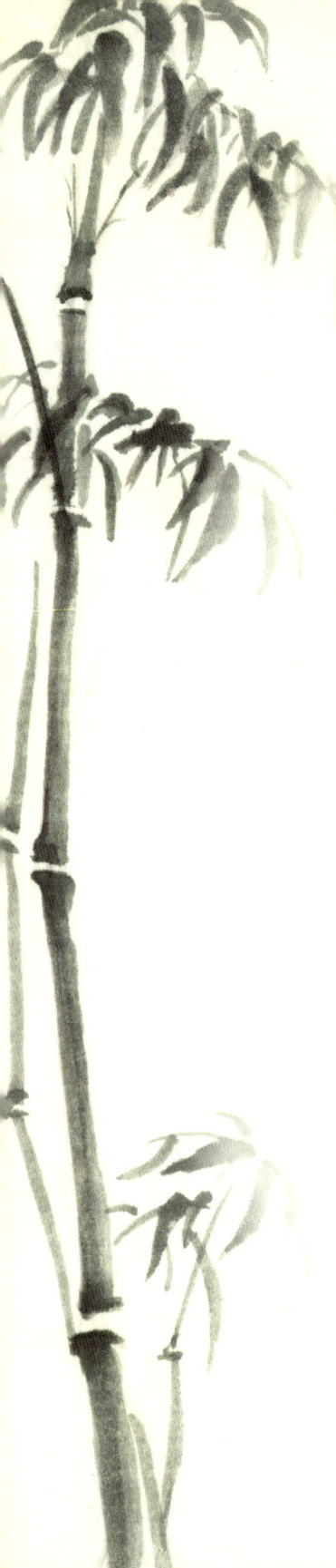

Der Bambuswald

Hinter dem Hof meiner Großeltern schlängelte sich ein Weg bis tief in die Berge. Er führte über lange Strecken durch einen dichten Bambuswald, der oft in weißen Nebel gehüllt war. Als Kind traute ich mich nicht, alleine hineinzugehen, aber für meinen Vater war er das Paradies seiner Kindheit. Er und seine Freunde konnten mit den grünen Bambusblättern durch Pusten lange oder kurze, scharfe Geräusche erzeugen. So konnten sie sich während der Arbeit untereinander wie die Vögel verständigen. Egal, wie tief sie im Wald steckten, sie hörten die anderen deutlich und wussten immer, dass sie nicht alleine waren. So machte die Arbeit mehr Spaß. Den dünnen, langen Bambus konnte man als Angel benutzen, den dicken verwendete man als Baumaterial für eine kleine Hütte oder für einen Hocker für den Hof. Bambusrinde war ein ideales Material für Handwerker, die daraus die unterschiedlichsten Dinge fertigen konnten. Aus der vorsichtig abgelösten Bambusrinde flochten meine Oma und meine Tanten mit geschickten Fingern Sonnenhüte, Körbe für Lebensmittel und vieles mehr. An heißen Sommerabenden legte man sich auf Bambusmatten, da deren kühle Oberfläche den warmen Körper beruhigte.

Seit seiner Kindheit sammelt mein Vater Bambussprossen, und bis heute hat seine Sehnsucht danach nicht nachgelassen. Im Winter bleiben die Sprossen unter der Erde verborgen, und man braucht viel Erfahrung, um sie aufzuspüren. Mein Vater beobachtet hierfür genau, ob sich im Boden schon Spalten zeigen; er tritt ein wenig hin und her und kann so spüren, ob darunter Bambus sprießt. Mit dem Messer sticht er dann in den Boden und legt die Spitze der Sprosse frei. Sie leuchtet mondweiß vor der dunklen Erde. Manchmal wuchsen fünf Sprossen aus derselben Wurzel, dann jubelten wir Kinder immer laut. Nach einem Frühlingsregen wuchsen die Bambussprossen besonders schnell; sobald wir auf das Bambusfeld traten, sahen wir überall die

Spitzen aus dem Boden ragen und deuteten in die Richtung der Wurzel. So war es sehr leicht, die Sprossen auszugraben.

In der Küche schnitt mein Vater dann die Bambussprossen in feine Streifen und briet sie zusammen mit zartem Hühnerfleisch, oder er schmorte sie zusammen mit einem frischen Huhn und bereitete eine feine Suppe zu. Die Küche füllte sich mit dem Geruch des Bambus, es roch wie im Wald.

Jing Rong Jin Si Sun
Bambussprossen mit Huhn

Zutaten für 2–3 Personen

- 300 g Hühnerbrust
- 1 EL Reiswein
- 1 EL Speisestärke
- Salz
- 350 g Bambussprossen aus der Dose, in Streifen geschnitten
- 250 ml Hühnerbrühe
- 5 EL Pflanzenöl
- 40 g luftgetrockneter Schinken, fein gewürfelt

▪ Die Hühnerbrust waschen, trockentupfen und fein hacken. Reiswein, Speisestärke und Salz mischen und das Fleisch 20 Minuten darin marinieren lassen.

▪ Bambusstreifen und Hühnerbrühe im Wok aufkochen, Hitze reduzieren und 20 Minuten köcheln lassen, bis der Bambus die Hühnerbrühe vollständig aufgenommen hat.

▪ Die Bambusstreifen herausnehmen und mit dem marinierten Hühnerfleisch mischen. Das Öl im Wok stark erhitzen. Bambus und Hühnerfleisch 3 Minuten pfannenrühren.

▪ Bambus und Hühnerfleisch auf einen Teller geben, den fein gewürfelten Schinken darüberstreuen und alles heiß servieren.

琥
珀
桃
仁

Hu Bo Tao Ren
Bernstein-Walnüsse

Zutaten für 3–4 Personen
- 200 g Walnusskerne
- 1 EL Pflanzenöl
- 50 g Zucker
- 1 EL geröstete weiße Sesamsamen

▪ 400 ml Wasser im Wok zum Kochen bringen, Walnusskerne hineingeben und 2 Minuten kochen lassen. Die Walnüsse in einer Schüssel mit kaltem Wasser abschrecken und mit Küchenpapier abtrocknen.

▪ Die Walnüsse im Wok bei schwacher Hitze langsam rösten, bis sie zu duften beginnen. Herausnehmen und auf einen Teller legen.

▪ Den Wok auf mittlerer Stufe erhitzen, das Öl darin heiß werden lassen. Zucker dazugeben, Hitze reduzieren. Den Zucker im Öl schmelzen und braun werden lassen.

▪ Die Walnüsse hineingeben und sofort kräftig rühren, bis alle Walnüsse mit Zucker überzogen sind und wie Bernstein aussehen. Evtl. 1 EL Wasser zugeben, damit sich der Zucker besser verteilt.

▪ Geröstete weiße Sesamsamen darüberstreuen. Die Walnüsse vor dem Servieren auf einem Teller abkühlen lassen.

Zhu Sun Ji Tang
Hühnersuppe mit Bambus

Zutaten für 4 Personen

- 2 ausgelöste Hähnchenschenkel (ca. 500 g)
- 300 g Bambussprossen aus der Dose, in Streifen geschnitten
- 5 Donggu-Pilze, in Wasser eingeweicht
- Salz

🔖 Die Hähnchenschenkel in große Stücke schneiden und 10 Minuten in einen Topf mit heißem Wasser legen. Dann das Wasser wegschütten.

🔖 1,25 l warmes Wasser zu den Hähnchenteilen in den Topf gießen, Bambusstreifen und Xianggu-Pilze dazugeben.

🔖 Das Ganze zum Kochen bringen, Hitze reduzieren und 40 Minuten köcheln lassen.

🔖 Die Suppe mit Salz abschmecken und heiß servieren.

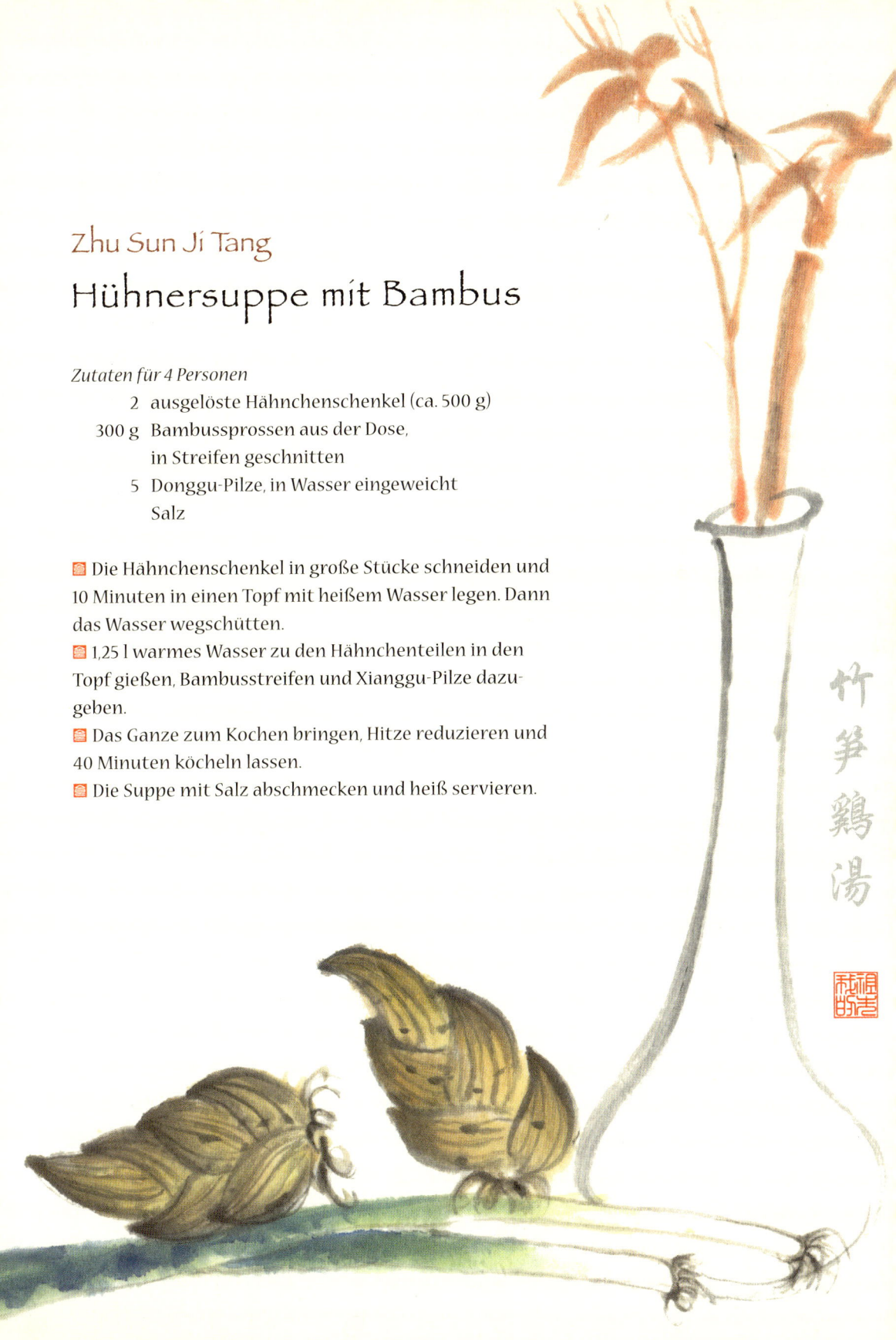

Meine Mutter (die Erste von rechts in der mittleren Reihe) und ihre Verwandte

Sichuan – die Heimat meiner Mutter

Guang'an, das Heimatstädtchen meiner Mutter, liegt am Ufer eines Flusses, eines Seitenarms des Jangtse, des größten Flusses Chinas. Am Ufer standen zahlreiche mit Bambusmöbeln ausgestattete Teehäuser. Die Sichuaner saßen gerne den ganzen Tag dort, um Tee zu trinken und Nüsse zu knabbern, Majiang zu spielen und zu plaudern. Das Leben in Sichuan verlief gemächlich, die Zeit verging besonders langsam.
Das zweistöckige Reihenhaus, in dem meine Mutter damals wohnte, war aus dunklem Holz und hatte kleine Fenster, die undicht waren. Die Geräusche von der Straße durchdrangen stets alle Zimmer. Wenn die Sonne durch die winzigen Fenster in den dunklen Raum schien, bildeten sich aufregende Schattenbilder. Die Holztreppe knarzte, und vom obersten Stockwerk konnte man über die Dächer des alten Städtchens blicken. Man sah graue Dachziegel, weißen Rauch, der von den Kochstellen aufstieg, und weit entfernt am Horizont die grünen Berge …
Ab ihrem zehnten Lebensjahr musste meine Mutter für die Familie Wäsche waschen und die Mahlzeiten zubereiten. Ihre Mutter war an einer Krankheit gestorben, als sie vier Jahre alt war. Mein Opa hatte damals einen kleinen Laden im Erdgeschoss des Hauses, in dem er feine handgemachte Schuhe und Kleidung verkaufte. Nach dem Tod seiner Frau wurde er traurig und teilnahmslos. Schließlich beschloss er, sich eine neue Frau zu suchen. Damals, es war gegen Ende der 1930er-Jahre, lernten sich Paare vor der Ehe nicht kennen, und es war üblich, eine Heiratsvermittlerin zu beauftragen. Sie stellte meinem Opa eine schöne Frau vor; er durfte sie vor der Hochzeit einmal im Beisein ihrer Verwandten treffen. Sie sah hübsch und vernünftig aus. »Er hatte sich so gefreut«, erinnerte sich meine Mama. »Er hat angefangen, das Haus zu renovieren, neue Möbel zu kaufen und Hochzeitsvorbereitungen zu treffen. Er war glücklich und freute sich auf das zukünftige Leben. Er kochte damals so lecker für uns, er war so hoffnungsvoll …« Sie feierten eine große Hochzeit, fast alle Gäste betranken sich. Während der Hochzeitsfeier musste die Braut einen dichten roten Schleier tragen, das war damals Brauch. Erst

später am Abend durfte ihr der Bräutigam im Schlafzimmer den Schleier abnehmen. Als mein Opa das Gesicht seiner Braut sah, war er so entsetzt, dass er fast aufschrie: Das war nicht die Frau, die er hatte heiraten wollen! Sie war eine andere, und zwar die Schwester der hübschen Frau, die ihm ursprünglich vorgestellt worden war. Ihre Familie hatte sie vor der Hochzeit heimlich ausgetauscht, aber mein Opa konnte sie nicht mehr zurückschicken, weil sie nun offiziell verheiratet waren. Sie war hässlich und geistig etwas zurückgeblieben, konnte jedoch den Haushalt führen. Meine Stiefoma war ungeduldig und verprügelte oft meine Mama und ihren jüngeren Bruder. »Das war der Beginn meiner unglücklichen Kindheit«, seufzte Mama. Von da an war mein Opa nicht mehr derselbe, sein Traum von einem neuen, schönen Leben war zerstört. Er kümmerte sich seitdem weder um seinen Laden noch um seine Kinder, er kochte auch nicht mehr. Er war so enttäuscht, dass er anfing, Opium zu rauchen.
Die Familie meiner Mutter hatte noch ein Landhaus am anderen Flussufer, dort machten wir später mit der ganzen Familie oft Urlaub. Um dorthin zu gelangen, setzten wir mit einem kleinen Holzboot über und liefen dann noch ein Stück auf einem kleinen Pfad zu dem Steinhaus, das im grünen Bambuswald versteckt an einem großen Felsen lehnte. Es gab weder Strom noch Gas, und das Trinkwasser holten wir aus einem Brunnen. Wenn es dunkel wurde, benutzten wir Öllampen. Die Kochstelle war aus Stein, ganz typisch für Landhäuser in China. Zum Kochen machten wir Feuer mit Holz oder trockenem Gras und Zweigen, die wir in der Umgebung sammelten. Das Essen bestand häufig aus einem Stück Bauchspeck, dem wir ein paar frische Spitzpaprika und Lauchzwiebeln aus dem Garten hinter dem Haus zufügten. Die brennenden Holzscheite knisterten und ließen unsere Gesichter leuchten. Sofort war der Raum warm und gemütlich. Kochen hat meine Mama hauptsächlich von ihrer Tante gelernt, die sich viel um sie und ihren Bruder kümmerte, nachdem meine Oma gestorben war. Als mein Opa noch lebte, gab er meiner Mutter ab und zu einen Tipp, sofern er sich gerade in der realen Welt befand. Mama war immer sehr glücklich, wenn sie kochen konnte; es war dann immer ein bisschen wie früher. Wenn die hauchdünn geschnittenen Scheiben vom Schweinebauch mit scharfer Bohnenpaste und Öl im Wok brieten, war das ganze Haus von einem wunderbaren Duft erfüllt. Wir aßen zusammen im trüben Licht der Öllampe, tranken frischen grünen Tee und lauschten den Geschichten aus dem Leben unserer Mutter.

Das einzige Foto meiner Oma

Meine Mutter

Meine Mutter mit ihrer Tante

Mapo Dou Fu
Mapo-Tofu

Zutaten für 2–3 Personen

500 g	Tofu, in ca. 2 cm dicke Würfel geschnitten.
4 EL	Pflanzenöl
2	Lauchzwiebeln, in dünne Ringe geschnitten
3	Knoblauchzehen, geschält und fein gehackt
0,5 cm	Ingwer, geschält und fein gehackt
150 g	Hackfleisch vom Rind
	Salz

Für die Sauce

1 EL	scharfe Bohnenpaste
½ TL	Zucker
1 EL	helle Sojasauce
½ EL	dunkle Sojasauce
2 EL	Reiswein
200 ml	Rinderbrühe
1 EL	Speisestärke

🟧 Tofuwürfel 1 Minute in heißes Wasser legen. Herausnehmen und beiseitestellen.
🟧 Das Öl im Wok stark erhitzen. Die Hälfte der Lauchzwiebeln sowie Knoblauch, Ingwer und Hackfleisch kurz anbraten, bis es zu duften beginnt.
🟧 Bohnenpaste und Zucker dazugeben und kurz mitbraten. Dann die beiden Sojasaucen und den Reiswein unterrühren.
🟧 Die Tofuwürfel dazugeben und vorsichtig umrühren. Rinderbrühe zugießen und alles bei geschlossenem Deckel 4–5 Minuten köcheln lassen.
🟧 Die Speisestärke mit 1 ½ EL kaltem Wasser verrühren. In den Wok geben und rühren, bis die Sauce dicker wird.
🟧 Den Tofu in einer Schüssel anrichten, restliche Lauchzwiebeln darauf verteilen und alles heiß servieren. Gekochten Reis dazu reichen.

回鍋肉

Hui Guo Rou

Doppelt gegarter Schweinebauch

Zutaten für 4 Personen

- 350 g durchwachsener Speck am Stück
- 6 EL Pflanzenöl
- 1 EL salzige Sojabohnenpaste
- 1 EL scharfe Bohnenpaste
- ½ grüne Paprikaschote, in Streifen geschnitten
- 1 ½ EL dunkle Sojasauce
- 1 EL Reiswein
- 1 TL Zucker
- 2 Lauchzwiebeln, in ca. 4 cm lange Streifen geschnitten

☐ Speck im Ganzen in einen Topf geben und knapp mit Wasser bedecken. Zum Kochen bringen und 20 Minuten garen. Herausnehmen, abkühlen lassen und in möglichst dünne Scheiben schneiden.
☐ Das Öl im Wok erhitzen und die Speckscheiben kurz scharf anbraten, bis sie sich ein wenig kräuseln.
☐ Die salzige und die scharfe Bohnenpaste dazugeben und kurz mitbraten.
☐ Paprika, Sojasauce, Reiswein, Zucker und Lauchzwiebeln dazugeben und rasch unterrühren. Heiß servieren.

Suan La Tang
Sauer-scharfe Suppe

Zutaten für 4 Personen
- 100 g Schweinefilet
- 1 EL Speisestärke
- 1 EL Reiswein
- Salz
- 1 kleine Karotte
- 1 Tomate
- 30 g Tofu
- 3 EL Pflanzenöl
- 1 EL scharfe Bohnenpaste
- 750 ml Brühe (z. B. Hühnerbrühe)
- 0,5 cm Ingwer, geschält und fein gehackt
- 2 Eier
- 2 EL Lauchzwiebelröllchen

Für die Gewürzsauce
- 1 ½ EL brauner Reisessig
- 1 Prise Zucker
- 1 EL Speisestärke
- 1 ½ EL dunkle Sojasauce
- 1 TL gemahlener Sichuanpfeffer

◼ Das Schweinefleisch in dünne Streifen schneiden und in einer Schüssel mit 1 EL Speisestärke, dem Reiswein und 1 Prise Salz gut vermengen.

◼ Die Karotte in dünne Streifen schneiden. Die Tomate 1 Minute in heißes Wasser legen. Die Haut abziehen und das Fruchtfleisch in dünne Scheiben schneiden. Den Tofu 5 Minuten in Wasser kochen und in dünne Streifen schneiden.

◼ Für die Gewürzsauce Essig mit Zucker, Speisestärke, Sojasauce und Sichuanpfeffer in eine kleine Schüssel geben, knapp mit kaltem Wasser bedecken und glatt rühren.

◼ Das Öl im Wok auf mittlerer Stufe erhitzen, die scharfe Bohnenpaste hineingeben und kurz anbraten. Die Fleischstreifen dazugeben und kurz mitbraten.

◼ Brühe, Ingwer und Karottenstreifen dazugeben und aufkochen lassen. Tomaten und Tofustreifen hineingeben und mitkochen. Die Gewürzsauce einrühren und weiterrühren, bis die Suppe gebunden ist.

◼ Die Eier verquirlen und in die kochende Suppe gleiten lassen, kurz unterrühren. Den Wok vom Herd nehmen, die Lauchzwiebelröllchen auf der Suppe verteilen. Heiß servieren.

Sichuanpfeffer

Obwohl meine Mutter schon seit über vierzig Jahren in Peking lebt, spricht sie noch immer begeistert und voller Stolz von ihrer Heimat Sichuan und der Küche dort. »Scharf und heiß. Beim Essen muss man immer glücklich schwitzen. Der rote frische Sichuanpfeffer aus dem eigenen Garten, in heißem Öl angebraten – dann erst entsteht das unvergleichliche Aroma.«

Im Hinterhof ihrer Tante wuchsen eine Reihe Bäume, die Zweige mit den roten Pfefferfrüchten schaukelten im Wind, und der ganze Hof war von dem Duft des Pfeffers erfüllt. An einem sonnigen Nachmittag im Frühherbst ernteten sie die Früchte mit Scheren. Sie wurden auf der Veranda ausgebreitet und an der Luft getrocknet. Egal, wo man war und was man gerade machte, das herrliche Aroma hing überall in der Luft. Sogar bis in die nächtlichen Träume hinein strömte dieser typische Duft des Frühherbstes.

Meine Mutter war oft bei ihrer Tante, bevor der Staat ihr das Haus wegnahm. Noch in den 1940er-Jahren hatte die Tante ein komfortables Leben, ihr Mann hatte damals ein gut laufendes Geschäft. Sie hatten ein schönes Haus und eine Haushälterin, die jeden Tag alle Zimmer lüftete, sauber hielt und sich um die vielen Blumen im Hof kümmerte. Die Tante ging ins Teehaus, plauderte dort mit den anderen Frauen oder blickte gedankenverloren in den Dunst über dem Fluss. Sie bezahlte die Schulgebühr für meine Mutter und kochte oft für sie. Das Kochen machte ihr Spaß, es war ein Teil des guten Lebens. Ein Stück frischer Tofu, ein bisschen Rinderhackfleisch und scharfe Bohnenpaste nach Sichuanart, daraus konnte sie das berühmte Mapo-Tofu zaubern: Der helle Tofu in der dunklen Sauce sah auf einem schönen Teller aus wie ein Kunstwerk.

Yu Xiang Rou Si
Nach Fisch duftendes Schweinefleisch*

Zutaten für 4 Personen

- 300 g Schweinefilet, in dünne, ca. 5 cm lange Streifen geschnitten
- 1 EL Speisestärke
- Salz
- 5 getrocknete Mu-Err-Pilze
- 6 EL Pflanzenöl
- 4 getrocknete Chilischoten, in dünne Ringe geschnitten
- 1 Lauchzwiebel, in dünne Ringe geschnitten
- 2 cm Ingwer, geschält und fein gehackt
- 2 Knoblauchzehen, geschält und fein gehackt
- 100 g Bambussprossen, aus der Dose, in dünne Streifen geschnitten
- je ¼ rote und grüne Paprikaschote, in dünne Streifen geschnitten

Für die Sauce

- 100 ml Fleischbrühe
- 1 EL Reiswein
- ½ EL dunkle Sojasauce
- 1 ½ EL helle Sojasauce
- 2 EL brauner Reisessig
- 2 TL Zucker
- 1 EL Speisestärke
- Salz

▪ Die Schweinefleischstreifen mit Speisestärke, 1 EL kaltem Wasser und etwas Salz vermengen und 20 Minuten stehen lassen. Die Mu-Err-Pilze 20 Minuten in heißem Wasser quellen lassen. Dann abtropfen lassen und in dünne Streifen schneiden.

▪ 4 EL Öl im Wok stark erhitzen. Die Schweinefleischstreifen darin pfannenrühren. Herausnehmen, sobald sie Farbe genommen haben.

▪ Restliches Öl in den Wok geben. Chilischoten, Lauchzwiebel, Ingwer und Knoblauch in den Wok geben und pfannenrühren, dann Bambus, Paprika und Mu-Err-Pilze dazugeben und 1–2 Minuten unter Rühren weiterbraten.

▪ Schweinefleischstreifen wieder in den Wok geben und kurz unterrühren. Hitze etwas reduzieren. Alle Zutaten für die Sauce in einer Schale mischen und in den Wok gießen. Weiterrühren, bis die Sauce leicht eindickt. Heiß mit gekochtem Reis servieren.

* Der Name des Gerichts rührt wohl daher, dass traditionell Fisch auf diese Weise zubereitet wurde.

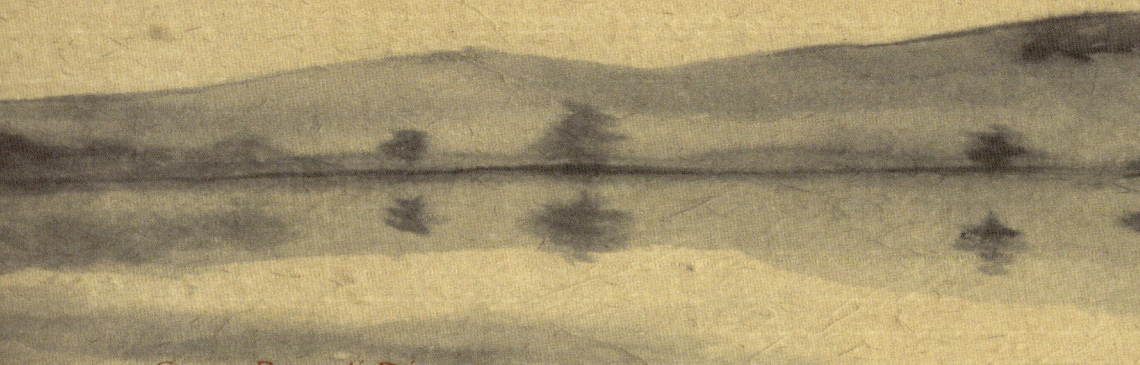

Gong Bao Ji Ding
Hühnerbrust mit Erdnüssen

Zutaten für 2 Personen

- 400 g Hühnerbrust, in 1,5 cm große Würfel geschnitten
- 4 EL Pflanzenöl
- 5 getrocknete Chilischoten, in dünne Ringe geschnitten
- 1 TL Sichuanpfefferkörner
- 1 Lauchzwiebel, in dünne Ringe geschnitten
- 1,5 cm Ingwer, geschält und fein gehackt
- 100 g ungesalzene Erdnüsse
- 1 grüne Paprikaschote, in 2 cm große Würfel geschnitten

Für die Sauce
- 1 EL Reisessig
- 1 EL helle Sojasauce
- 1 EL Reiswein
- 1 Prise Zucker
- 1 TL Speisestärke
- 4 EL Hühnerbrühe

Für die Marinade
- 1 TL dunkle Sojasauce
- 1 EL Reiswein
- 1 EL Speisestärke
- Salz

 Zutaten für die Marinade mischen und die gewürfelte Hühnerbrust 20 Minuten darin marinieren lassen. Zutaten für die Sauce in einer Schüssel mischen.

 Das Öl im Wok erhitzen. Die Chiliringe und den Pfeffer kurz darin braten, bis sich ihre Aromen entfalten. Herausnehmen und wegwerfen. Das Fleisch ins heiße Öl geben und pfannenrühren. Lauchzwiebel und Ingwer und alle Zutaten für die Sauce dazugeben, dabei weiter schnell pfannenrühren.

 Erdnüsse und Paprikawürfel dazugeben und kurz unterrühren. Heiß mit gekochtem Reis servieren.

Shui Zhu Niu Rou
Rindfleisch in scharfer Sauce (sehr scharf)

Zutaten für 3–4 Personen
- 300 g mageres Rindfleisch, in hauchdünne Scheiben geschnitten
- 8 getrocknete Chilischoten
- 1½ TL Sichuanpfefferkörner
- 1 Lauchzwiebel, in ca. 2 cm lange Stücke geschnitten
- 200 g Zuckerschoten, geputzt und gefädelt
- 6 EL Pflanzenöl

Für die Marinade
- 1 EL Reiswein
- 1 EL Speisestärke
- 1 EL Pflanzenöl
- Salz

Für die Sauce
- 1½ EL scharfe Bohnenpaste
- 200 ml Rinderbrühe
- 1 TL dunkle Sojasauce
- 1 EL helle Sojasauce

▪ Alle Zutaten für die Marinade mischen und die Rindfleischscheiben 20 Minuten darin marinieren lassen.

▪ Chili und Sichuanpfeffer bei niedriger Hitze im Wok rösten, bis sich ihre Aromen entfalten. Abkühlen lassen und fein hacken.

▪ 2 EL Öl im Wok stark erhitzen. Lauchzwiebel und Zuckerschoten hineingeben und 2 Minuten pfannenrühren. Herausnehmen und und in eine Servierschüssel geben.

▪ 3 EL Öl im Wok erhitzen. Die Saucenzutaten dazugeben, umrühren und aufkochen lassen. Die Rindfleischscheiben in die heiße Brühe einrühren, bis sich die Farbe des Fleisches ändert.

▪ Das Rindfleisch mit der Sauce zu den gebratenen Zuckerschoten geben, gehackte Gewürze darüberstreuen. Restliches Öl im Wok erhitzen und über das Gericht gießen. Heiß mit gekochtem Reis servieren.

Meine Eltern

Meine Eltern lernten sich in den 1960er-Jahren im Botanischen Institut von Peking kennen. Sie arbeiteten in zwei Büros, die sich genau gegenüberlagen. »Eure Mutter sah so gut aus, wenn sie ein selbst genähtes Kleid anhatte, das weiße mit den Pfingstrosen fand ich am schönsten …«, sagte mein Vater stets, wenn er anfing, ihre Liebesgeschichte zu erzählen. »Sie saß hoch konzentriert am Mikroskop, und ihr dicker Zopf fiel über ihre Schulter.« Nach fünf Jahren waren sie immer noch lediglich Kollegen, beide waren sehr schüchtern. Eine ältere Kollegin von ihnen hatte die beiden beobachtet und begann erfolgreich, die Vermittlerin zu spielen.

Fortan unternahmen sie viel zusammen; der Tierpark, in dem das Institut lag, blieb ihnen in besonders schöner Erinnerung. Hier gingen sie spazieren, fütterten die Enten und beobachteten die exotischen Zugvögel, die Jahr für Jahr auf einer Insel inmitten des Sees auf ihrer langen Reise Rast machten. Sie lachten über die Braunbären, die wie im Zirkus auf ihren Hinterbeinen standen, ihre Vorderbeine schüttelten und um ein Stück Brot bettelten. Nachdem der Sommerpalast am Abend geschlossen wurde und kein Mensch außer ihnen mehr da war, kletterten sie heimlich über die Mauer und schwammen im kaiserlichen See. Sie fühlten sich wie Könige.

Die Geburtsorte meiner Eltern lagen Tausende Kilometer von Peking entfernt. Zu Hause kochten sie für den anderen die Gerichte ihrer jeweiligen Heimat. Im Sommer schnitt meine Mutter frische Auberginen vom Markt in Streifen, briet sie in Öl, bis sie braun und weich waren, und gab Ingwer, Knoblauch und weitere Gewürze dazu – fertig war eine leckere vegetarische Speise aus Sichuan. Mein Vater kochte Hühnerfleisch zusammen mit Tofu, beides Zutaten, die sich geschmacklich hervorragend ergänzen. Sie tauschten ihre Familienrezepte

und Kocherfahrungen aus, ihre Liebe verband sich mit den duftenden Speisen und einem warmen, zufriedenen Magen: »Das war eine sehr schöne Zeit für uns.«

Wenn man damals von einem »jungen Paar« sprach, bedeutete das aber keinesfalls, dass es jemals allein war. Für die Generation meiner Eltern war es völlig selbstverständlich, dass noch eine dritte Person bei ihren Verabredungen anwesend war. Man wollte oder traute sich nicht, sich zu zweit zu treffen, das war »komisch« und konnte Missverständnisse hervorrufen. Deshalb musste, bevor sie verheiratet waren, immer ein Freund von ihm oder eine Freundin von ihr dabei sein. »Wir hatten damals nicht so viele Freiheiten wie ihr heute, aber es war trotzdem eine sehr schöne Zeit für uns.« Das glaube ich ihnen, und meine Eltern lieben sich auch heute noch sehr.

Kurz vor der Hochzeit kaufte mein Vater von einem halben Monatsgehalt blaue Wolle für meine Mutter, sie strickte sich daraus einen Pullover mit Wellenmuster. Sie war so glücklich, als sie ihn fertig gestrickt und anprobiert hatte: »So eine schöne blaue Farbe, wie das Meer…« Viele Jahre später wurde aus dem Pullover ein kleiner Pullover für meine Schwester, noch einige Jahre später wurden aus dem kleinen Pullover warme Socken und Handschuhe für mich. Die Wolle reichte nicht ganz, meine Mutter nahm Reste einer anderen Wolle dazu, aber die Socken und Handschuhe waren warm, und ich trug sie viele Jahre.

Meine Mutter im Labor

Mein Vater mit seinem Professor

鱼香茄子

Yu Xiang Qie Zi
Nach Fisch duftende Auberginen (scharf)

Zutaten für 2 Personen

- 500 g Auberginen, in mundgerechte Stücke geschnitten
- 100 ml Pflanzenöl
- 1 EL scharfe Bohnenpaste
- 1 Lauchzwiebel, in dünne Ringe geschnitten
- 2 cm Ingwer, geschält und fein gehackt
- 4 Knoblauchzehen, klein geschnitten
- ½ EL Speisestärke

Für die Sauce

- 1 EL Reiswein
- 1 EL helle Sojasauce
- 1 TL dunkle Sojasauce
- 2 EL brauner Reisessig
- 1 ½ TL Zucker
- Salz
- 125 ml Gemüsebrühe

🔸 Das Öl im Wok erhitzen und die Auberginenstücke in 8 Minuten von beiden Seiten braun und weich braten. Herausnehmen und auf Küchenpapier abtropfen lassen.

🔸 Das Öl bis auf 1 EL aus dem Wok gießen. Den Wok erneut erhitzen, Bohnenpaste hineingeben und kurz rühren, dann Lauchzwiebel, Ingwer und Knoblauch dazugeben und kurz pfannenrühren.

🔸 Alle Zutaten für die Sauce mischen, in den Wok gießen und aufkochen lassen. Die gebratenen Auberginen dazugeben und bei geschlossenem Deckel 10 Minuten bei milder Hitze schmoren.

🔸 Die Hitze wieder erhöhen. Die Speisestärke mit 1 ½ EL kaltem Wasser verrühren und die Sauce damit binden. Heiß mit gekochtem Reis servieren.

Shui Zhu Yu
Fischfilet in scharfer Sauce
(sehr scharf)

Zutaten für 4–6 Personen

- 800 g festes Fischfilet (z. B. Pangasius)
- 300 g zarte Chinakohlblätter
- 100 g Glasnudeln
- 8 getrocknete Chilischoten
- 1 ½ TL Sichuanpfefferkörner
- 2 EL Pflanzenöl
- 2 Lauchzwiebeln, eine in 2 cm lange Stücke, die andere in dünne Ringe geschnitten
- 1,5 cm Ingwer, geschält und fein gehackt
- 2 Knoblauchzehen, geschält und fein gehackt
- 1 ½ EL scharfe Bohnenpaste

Für die Sauce
- 400 ml Fleischbrühe
- 1 TL dunkle Sojasauce
- 1 EL helle Sojasauce
- 1 EL brauner Reisessig
- 1 TL Zucker
- Salz

Für die Marinade
- 1 EL Reiswein
- 1 ½ EL Speisestärke
- Salz

 Das Fischfilet in ca. 3 x 5 cm große Stücke schneiden. Zutaten für die Marinade verrühren und den Fisch 20 Minuten darin marinieren lassen. Chinakohlblätter kurz blanchieren. Glasnudeln 2 Minuten in heißem Wasser quellen lassen. Abtropfen lassen und mit dem Chinakohl in einer Schüssel mischen.

 Chili und Sichuanpfeffer bei mittlerer Hitze im Wok rösten, bis sich die Aromen entfalten. Herausnehmen, abkühlen lassen und fein hacken.

Das Öl im Wok stark erhitzen. Lauchzwiebelstücke, Ingwer, Knoblauch und Bohnenpaste hineingeben und rühren, bis sich die Aromen entfalten. Alle Zutaten für die Sauce dazugeben und aufkochen lassen.

 Fischfilet in den Wok geben, Hitze reduzieren und 3 Minuten köcheln lassen. Den Fisch mit der Sauce zu den Glasnudeln und dem Kohl gießen. Lauchzwiebelringe und gehackte Gewürze darüberstreuen. Heiß mit gekochtem Reis servieren.

San Si Qin Cai
Selleriesalat mit Räuchertofu

Zutaten für 3–4 Personen
- 500 g Stangensellerie
- 4 Donggu-Pilze, 20 Minuten in heißem Wasser eingeweicht
- 50 g Bambussprossen aus der Dose, in dünne Streifen geschnitten
- 100 g Räuchertofu, in dünne Streifen geschnitten

Für die Sauce
- 1 TL Zucker
- 1 ½ EL brauner Reisessig
- ½ TL Sesamöl
- 0,5 cm Ingwer, geschält und fein gehackt
- Salz

Meine Mutter und ihre Freundin

 Den Sellerie von den hartfaserigen Sehnen befreien und schräg in dünne Streifen schneiden. Eingeweichte Donggu-Pilze in dünne Streifen schneiden.

 Ca. 1 l Wasser im Wok zum Kochen bringen. Selleriestreifen dazugeben und einmal aufkochen lassen. Herausnehmen und abtropfen lassen.

 Sellerie mit Bambussprossen, Donggu-Pilzen und Räuchertofu in eine Schüssel geben. Die Zutaten für die Sauce verrühren, über den Salat geben und alles gut vermengen.

芹菜熏干

Ji Dīng Dòu Fu
Tofu mit Hühnerfleisch in dunkler Sauce (scharf)

Zutaten für 2–3 Personen
- 200 g Hühnerbrust, in 1,5 cm große Würfel geschnitten
- 5 EL Pflanzenöl
- 400 g Tofu, in mundgerechte Stücke geschnitten
- 100 g TK-Erbsen, aufgetaut
- 1 Lauchzwiebel, in dünne Ringe geschnitten
- 1 cm Ingwer, geschält und fein gehackt
- 2 Knoblauchzehen, geschält und fein gehackt
- 1 EL scharfe Bohnenpaste
- 1 TL Speisestärke

Für die Marinade
- 1 TL dunkle Sojasauce
- 1 EL Reiswein
- 1 TL Zucker
- 1 EL Speisestärke
- Salz

Für die Sauce
- 1 EL brauner Reisessig
- 1 EL helle Sojasauce
- 5 EL Hühnerbrühe
- 1 TL Zucker

▣ Alle Zutaten für die Marinade vermischen und die gewürfelte Hühnerbrust 20 Minuten darin marinieren lassen.
▣ Den Wok erwärmen. Hühnerfleisch in 2 EL Öl bei starker Hitze kurz pfannenrühren, bis es Farbe nimmt. Herausnehmen und auf Küchenpapier abtropfen lassen.
▣ 2 EL Öl in den Wok geben und die Tofuwürfel dazugeben. Von beiden Seiten goldbraun braten. Herausnehmen und auf Küchenpapier abtropfen lassen.
▣ Restliches Öl in den Wok geben und Lauchzwiebel, Ingwer, Knoblauch und die scharfe Bohnenpaste kurz braten, bis sich die Aromen entfalten.
▣ Gebratenen Tofu, Erbsen und alle Zutaten für die Sauce dazugeben. Aufkochen lassen, Hitze reduzieren, Deckel auflegen und 2 Minuten schmoren.
▣ Gebratenes Hühnerfleisch zufügen. Die Speisestärke mit 1 EL kaltem Wasser verrühren, dazugeben und rühren, bis die Sauce eindickt.
Heiß mit gekochtem Reis servieren.

Die Ehe

Ein einziges Zimmer in einem roten, einstöckigen Backsteinhaus war das erste gemeinsame Zuhause meiner Eltern. Es war einfach eingerichtet mit einem Holzbett, zwei dunkelroten Holzkisten für die Kleidung sowie einem Esstisch aus Holz. An der Wand hing, wie bei allen Familien damals, ein großes Foto von Mao Zedong in einem prächtigen Bilderrahmen. Die Küche, eine rote Backsteinkammer mit einem winzigen Fenster, lag separat. Wenn sich meine Eltern gleichzeitig darin befanden, konnten sie sich kaum noch umdrehen.

In dieser Küche kochte meine Mutter für die Hochzeitsgäste ein traditionelles Fischgericht aus Sichuan: dünn geschnittenes Fischfilet, das kurz in kochend heiße Brühe getunkt wird. Darüber streute sie gerösteten Sichuanpfeffer und rote Chilischoten. Den Pfeffer hatte meine Mutter aus ihrer Heimat mitgebracht. Ich erinnere mich, wie meine Eltern geschäftig in der Mini-Kochstube werkelten, und im Sommer musste der eine dem anderen mit einem Fächer Luft zufächeln. Die vollgestellten Küchenregale, die mein Vater selbst gebaut hatte, wurden mit der Zeit von den Kochdünsten dunkel geräuchert. Beim Kochen griffen meine Eltern, ohne hinzusehen, nach den Gewürzen in den Regalen, so vertraut war ihnen deren Position. Und ich saß mit meiner Schwester vor der Küchentür und wartete auf das Essen.

Aus der Einzimmerwohnung im roten Backsteinhaus zogen wir bald aus. Der Wirtschaftsaufschwung brachte auch unserer Familie viele Vorteile; wir wechselten mehrmals unser Zuhause, und heute haben meine Eltern ihre Traumwohnung mit moderner Küche in einem neu gebauten Mehrfamilienhaus.

Wenn ich meine Eltern in Peking besuche, braten sie Frühlingsrollen, die ich schon als Kind so gerne gegessen habe: Der dünne Teig wird lecker gefüllt und vorsichtig gerollt; er ist sehr knusprig. Ich esse die Frühlingsrollen wie früher mit der Hand, dann schmecken sie noch besser. Die gemütliche Küche ist von warmem Dampf erfüllt, und meine Eltern plaudern und lachen beim Kochen. Ich weiß, dass bald das Essen auf dem Tisch steht. Ich fühle mich sicher und entspannt, ich bin wieder das Kind, das vor der Küchentür auf das Essen wartet.

Chun Juan
Frühlingsrollen

Zutaten für 16 Stück

- 150 g Hühnerbrust, in dünne Streifen geschnitten
- 100 ml Pflanzenöl
- 1 Lauchzwiebel, in dünne Ringe geschnitten
- 1 cm Ingwer, geschält und fein gehackt
- 300 g Sojasprossen
- 150 g Bambussprossen aus der Dose, in dünne Streifen geschnitten
- 4 Donggu-Pilze, 10 Minuten in heißem Wasser, eingeweicht, dann in dünne Streifen geschnitten
- 2 mittelgroße Karotten, grob geraspelt
- 2 EL Speisestärke
- 1 TL Sesamöl
- 16 TK-Teigblätter für Frühlingsrollen, ca. 20 x 20 cm (Asialaden)

Für die Marinade
- 1 EL Reiswein
- 1 EL helle Sojasauce
- 1 EL Speisestärke
- 1 TL Zucker
- Salz

Für die Sauce
- 2 EL helle Sojasauce
- 1 EL Reiswein
- 1 TL Zucker
- Salz

🔸 Alle Zutaten für die Marinade vermischen. Das in Streifen geschnittene Hühnerfleisch dazugeben und 20 Minuten marinieren lassen.

🔸 Den Wok erwärmen. Das marinierte Hühnerfleisch in 2 EL Öl bei starker Hitze pfannenrühren, bis es Farbe nimmt. Herausnehmen und auf Küchenpapier abtropfen lassen.

🔸 2 EL Öl im Wok erhitzen. Lauchzwiebel und Ingwer bei starker Hitze kurz darin braten. Sojasprossen, Bambussprossen, Donggu-Pilze und Karotten dazugeben und kurz pfannenrühren.

🔸 Alle Zutaten für die Sauce dazugeben und weitere 3–5 Minuten pfannenrühren. Das gebratene Hühnerfleisch untermischen. Alles aus dem Wok nehmen und in einer Schüssel abkühlen lassen. Speisestärke und Sesamöl untermischen.

🔲 Ein Teigblatt auf eine saubere Unterlage legen. Die Füllung darauf verteilen, Blatt falten und einrollen (siehe Schritte 1-6). Mit den übrigen Teigblättern und der übrigen Füllung genauso verfahren.

🔲 2 EL Öl in der Pfanne erhitzen, jeweils 4 Frühlingsrollen hineinlegen und bei mittlerer Hitze von beiden Seiten goldbraun braten. Herausnehmen und auf Küchenpapier abtropfen lassen.

🔲 Alle Frühlingsrollen auf diese Weise fertig braten. Nach Belieben braunen Essig oder süßsaure Sauce (Asialaden) dazu reichen.

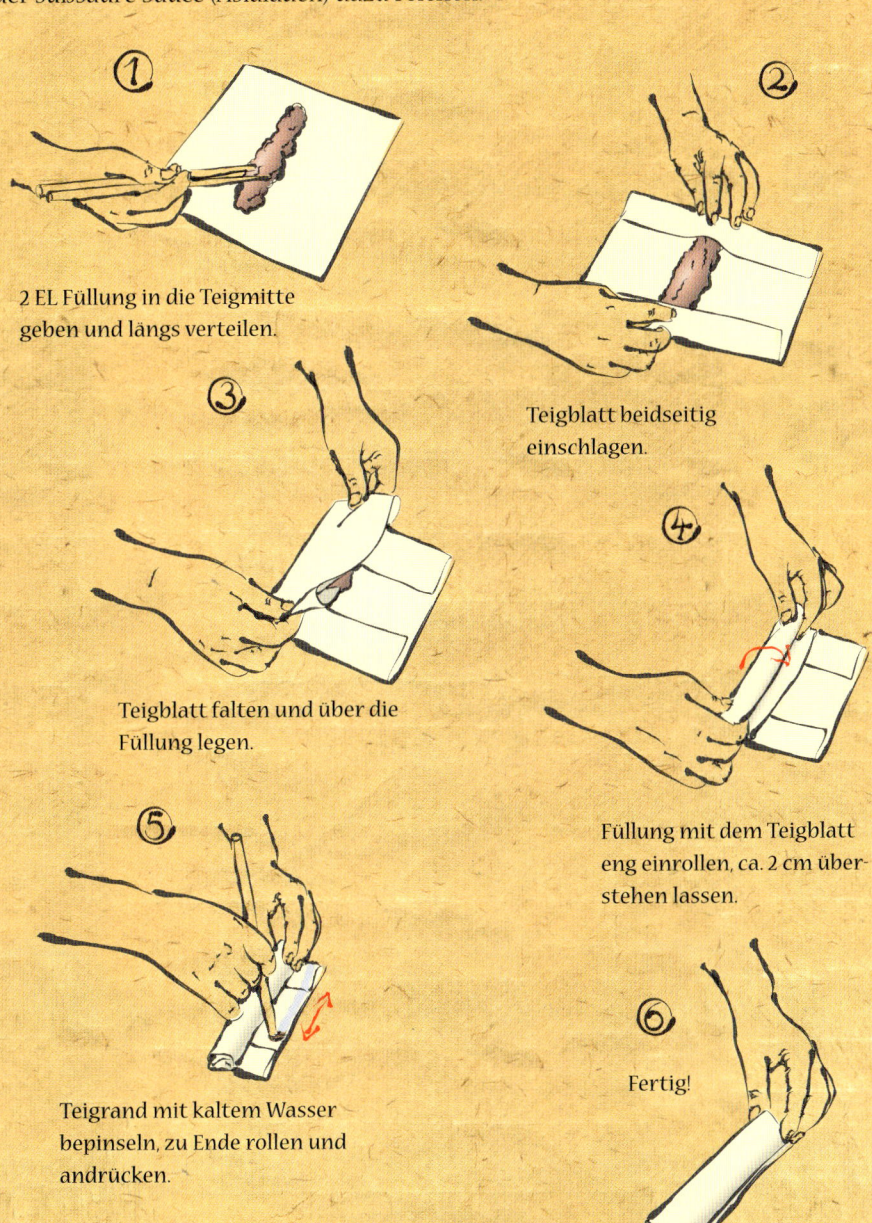

① 2 EL Füllung in die Teigmitte geben und längs verteilen.

② Teigblatt beidseitig einschlagen.

③ Teigblatt falten und über die Füllung legen.

④ Füllung mit dem Teigblatt eng einrollen, ca. 2 cm überstehen lassen.

⑤ Teigrand mit kaltem Wasser bepinseln, zu Ende rollen und andrücken.

⑥ Fertig!

Leben in Peking

In meiner Kindheit war Peking noch sehr grün. Pappeln, Platanen und Mandelbäume säumten die Straßen. Im Frühling war die Luft erfüllt von den umherfliegenden weißen Weidenkätzchen. In der Hitze des Sommers machte es viel Spaß, mit dem Fahrrad unter den riesigen Bäumen der Alleen herumzufahren. Die Sonnenstrahlen konnten kaum durch das dichte Blätterdach dringen. Rentner spielten rund um den See in der Altstadt im Schatten sitzend Schach. Sie spielten auch Pekingopern und wurden dabei von anderen Rentnern auf alten Instrumenten musikalisch begleitet – dabei gaben sie immer tolle Modelle für die Künstler in Peking ab. Als ich später Kunst studierte, zeichnete auch ich sie gerne; sie bewegten sich kaum oder wiederholten oft die gleiche Pose. Nicht weit entfernt stand das alte Trommeltor mit der grauen Mauer und den dicken roten Säulen. Die Zeit stand still, und ich fühlte mich in die Zeit der alten Dynastien zurückversetzt.

In meiner frühen Kindheit war China noch arm. Wir hatten weder Kühlschrank noch Waschmaschine, keine elektrischen Geräte außer Lampen und ein Radio. In unserem Hof gab es einen einzigen Schwarz-Weiß-Fernseher, und wenn abends eine interessante Sendung lief, versammelten sich viele Leute vor dem Gerät. Die Bewohner der einstöckigen Häuser rund um den Hof kannten sich gut. Man bekam alles mit, etwa wer bei wem zu Besuch war und wie lange der Besucher blieb. Am Wochenende spielten wir Kindertheater auf einer selbstgezimmerten Bühne, mit stark geschminkten roten Wangen und zufällig gefundenen Requisiten; die Eltern saßen auf ihren Hockern und applaudierten.

Meine Familie und die Verwandten

Die Sommer in Peking waren immer sehr warm. Am Abend stellten wir unsere Kochplatten draußen vor die Tür, damit wir beim Kochen ein wenig frische Luft bekamen. Meine Schwester und ich halfen oft, das Gemüse zu verlesen und zu schälen, anschließend spielten wir mit den anderen Kindern auf dem freien Platz im Hof. Es ist für mich eine schöne Erinnerung, wie wir inmitten der leckeren Essensdüfte tobten. Auch beim lautesten Spiel hörten wir aber sehr genau, wenn die eigene Mama zum Essen rief. Im Sommer durften wir mit unseren Schalen herumlaufen, wir saßen dann gerne mit den anderen Kindern zusammen und tauschten die Speisen aus. Auch die Eltern saßen zusammen und plauderten. Obwohl unser Leben ärmlich war, sparten meine Eltern nicht am Essen. Am Monatsanfang setzten sich die beiden zusammen und verplanten das Gehalt: ein kleiner Teil für die armen Verwandten meiner Mutter in Sichuan, ein weiterer kleiner Teil für die Schwester meines Vaters, die jahrelang im Krankenbett lag. Den Rest gaben sie fast vollständig für Essen aus. Meine Eltern sagten oft: »Wenn unsere Mägen glücklich sind, dann ist das Leben glücklich«, oder wie ein altes chinesisches Sprichwort sagt: »Essen ist der Himmel.«
In meiner Erinnerung verwendeten meine Eltern viel Mühe und Zeit darauf, gutes Essen zu besorgen und zu kochen, und manchmal war es sehr schwer, etwas Gutes zu bekommen. Das Angebot war rationiert, man konnte nicht einfach kaufen, worauf man Lust hatte. »Ach, es wäre so schön, wenn wir einen Verwandten hätten, der auf dem Markt arbeitete«, seufzten meine Eltern manchmal.
Einen derartigen Verwandten hatten wir leider nicht, deshalb mussten wir häufig in langen Schlangen anstehen, wenn wir gute Lebensmittel bekommen wollten. Vor Festtagen waren die Schlangen besonders lang. Die riesige Markthalle war voller Leute mit Einkaufskörben, viele hatten sogar Hocker dabei. In der Fischschlange musste man zwei bis drei Stunden oder noch länger anstehen, in der Hühnchenschlange drei Stunden, in

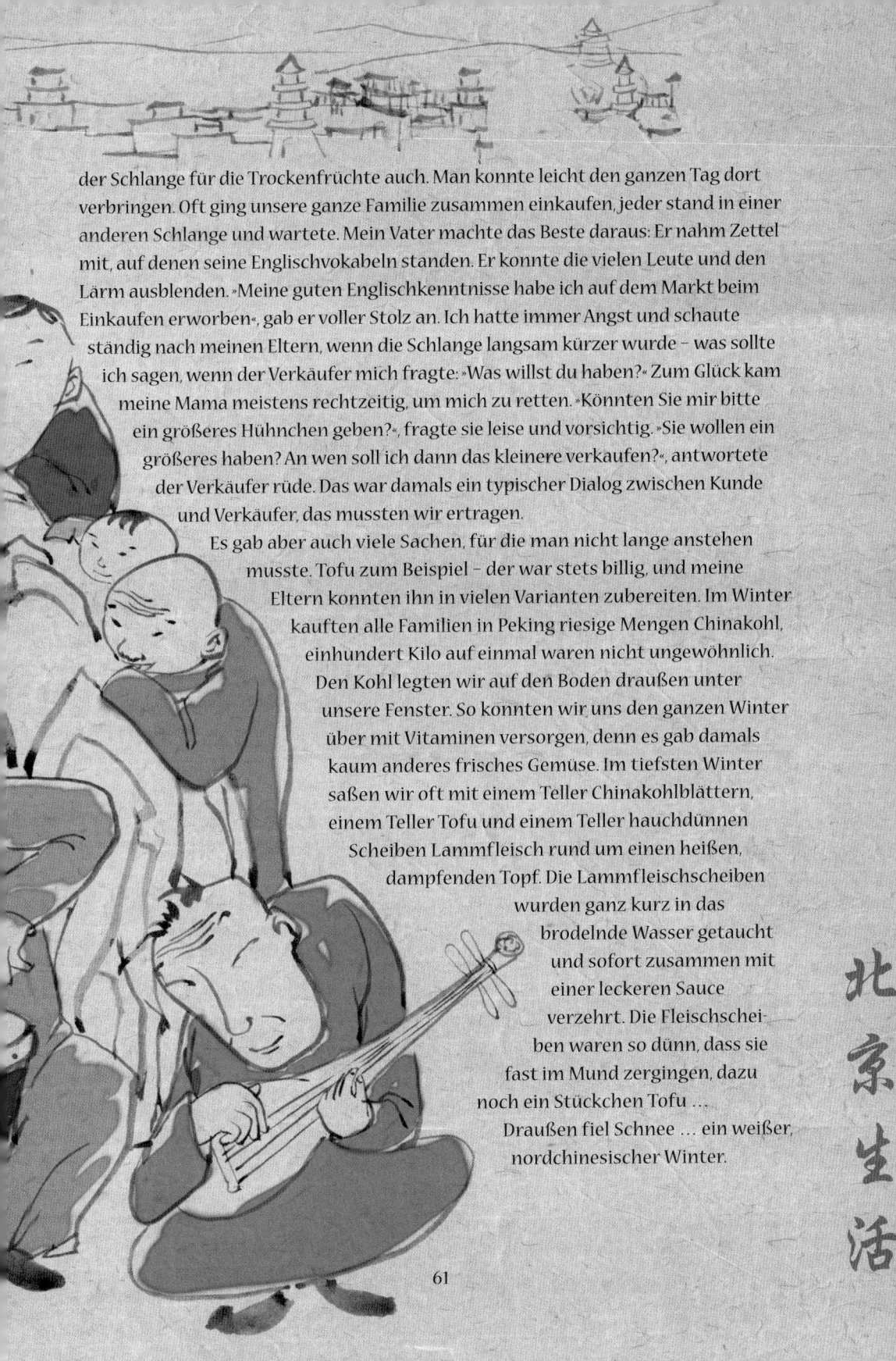

der Schlange für die Trockenfrüchte auch. Man konnte leicht den ganzen Tag dort verbringen. Oft ging unsere ganze Familie zusammen einkaufen, jeder stand in einer anderen Schlange und wartete. Mein Vater machte das Beste daraus: Er nahm Zettel mit, auf denen seine Englischvokabeln standen. Er konnte die vielen Leute und den Lärm ausblenden. »Meine guten Englischkenntnisse habe ich auf dem Markt beim Einkaufen erworben«, gab er voller Stolz an. Ich hatte immer Angst und schaute ständig nach meinen Eltern, wenn die Schlange langsam kürzer wurde – was sollte ich sagen, wenn der Verkäufer mich fragte: »Was willst du haben?« Zum Glück kam meine Mama meistens rechtzeitig, um mich zu retten. »Könnten Sie mir bitte ein größeres Hühnchen geben?«, fragte sie leise und vorsichtig. »Sie wollen ein größeres haben? An wen soll ich dann das kleinere verkaufen?«, antwortete der Verkäufer rüde. Das war damals ein typischer Dialog zwischen Kunde und Verkäufer, das mussten wir ertragen.

Es gab aber auch viele Sachen, für die man nicht lange anstehen musste. Tofu zum Beispiel – der war stets billig, und meine Eltern konnten ihn in vielen Varianten zubereiten. Im Winter kauften alle Familien in Peking riesige Mengen Chinakohl, einhundert Kilo auf einmal waren nicht ungewöhnlich. Den Kohl legten wir auf den Boden draußen unter unsere Fenster. So konnten wir uns den ganzen Winter über mit Vitaminen versorgen, denn es gab damals kaum anderes frisches Gemüse. Im tiefsten Winter saßen wir oft mit einem Teller Chinakohlblättern, einem Teller Tofu und einem Teller hauchdünnen Scheiben Lammfleisch rund um einen heißen, dampfenden Topf. Die Lammfleischscheiben wurden ganz kurz in das brodelnde Wasser getaucht und sofort zusammen mit einer leckeren Sauce verzehrt. Die Fleischscheiben waren so dünn, dass sie fast im Mund zergingen, dazu noch ein Stückchen Tofu … Draußen fiel Schnee … ein weißer, nordchinesischer Winter.

北京生活

Bei Jing Shuan Rou
Peking-Feuertopf

Zutaten für 4–6 Personen

- 800 g Lammfleisch aus der Schulter
- 2 l Hühnerbrühe (selbst gemacht oder Instantpulver)
- 2 Donggu-Pilze, 20 Minuten in heißem Wasser eingeweicht
- 100 g küchenfertige Krabben
- 2 cm Ingwer, geschält und in dünne Scheiben geschnitten
- 1 Lauchzwiebel, in 5 cm lange Stücke geschnitten
- 300 g zarte Chinakohlblätter, in große Stücke geschnitten
- 500 g Tofu, in ca. 4 x 4 cm große Wüfel geschnitten
- 100 g Glasnudeln, 10 Minuten in heißem Wasser eingeweicht
- 150 g TK-Fischkugeln (Asialaden)

Für die Sauce

- 8 EL Sesampaste
- 4 Stück weißer Furu (fermentierter Tofu, Asialaden)
- 2 EL helle Sojasauce
- 4 TL Schnittknoblauchblütenpaste (Asialaden)
- 1 ½ TL Zucker
- 1 Prise Salz
- 1 Bund Koriandergrün, Blätter abgezupft und fein geschnitten
- 1 Lauchzwiebel, in dünne Ringe geschnitten

▮ Das Lammfleisch in Alufolie wickeln und 1–2 Stunden im Tiefkühlfach anfrieren lassen. Mit einem Allesschneider in hauchdünne Scheiben schneiden, am besten fast so dünn wie Papier.

▮ Für die Sauce Sesampaste, Furu, Sojasauce, Schnittknoblauchblütenpaste, Zucker und Salz mit 50 ml kaltem Wasser gründlich verrühren. Die Sauce auf vier Schälchen verteilen und mit Koriandergrün und Lauchzwiebelringen bestreuen.

🍲 Die Hühnerbrühe auf dem Herd erhitzen und in den vorgeheizten Feuertopf füllen. Donggu-Pilze, Krabben, Ingwer und Lauchzwiebel in die Brühe geben. Restliche Zutaten und die Sauce in Schälchen rund um den Feuertopf verteilen. Immer 2–3 Lammfleischscheiben auf einmal in der kochenden Brühe 20–30 Sekunden garen. Aus dem Topf holen, in die Sauce tunken und verzehren. Die anderen Zutaten ebenfalls portionsweise in der Brühe garen (je nach Zutat kürzer oder länger) und sofort mit Sauce verzehren. Nur die Fischkugeln sollten länger mitkochen, ca. 20 Minuten.

Tipps

🍲 Die Krabben dienen nur dem Aroma der Brühe; auch kleine Krabben sind gut geeignet.

🍲 Donggu-Pilze, Ingwer und Lauchzwiebeln dienen ebenfalls nur dem Aroma der Brühe und werden normalerweise nicht gegessen. Wer mag, kann die Pilze am Ende aber auch essen.

🍲 Das Essen dauert 1–2 Stunden. Wenn zu viel Flüssigkeit verdampft ist, gießt man heißes Wasser nach.

🍲 Wem es schwerfällt, die Bissen mit Essstäbchen aus der heißen Brühe zu holen, kann ein spezielles Sieb verwenden.

Gu Ta Dou Fu
Tofu mit Hackfleischfüllung

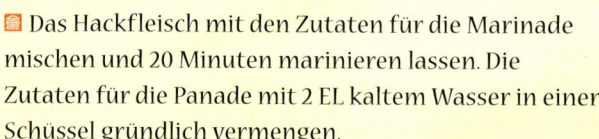

Zutaten für 2–3 Personen
- 200 g Hackfleisch vom Schwein
- 400 g Tofu, in 24 ca. 5 x 5 cm große und 7 mm dicke Scheiben geschnitten
- 6 EL Pflanzenöl

Für die Marinade
- 1 Lauchzwiebel, in dünne Ringe geschnitten
- 1 EL Reiswein
- 1 EL Speisestärke
- 1 TL dunkle Sojasauce
- 1 TL Zucker
- 1 Prise Salz

Für die Panade
- 1 Ei
- 3 EL Weizenmehl
- 1 Prise Salz

Für die Sauce
- 1 Lauchzwiebel, in dünne Ringe geschnitten
- 1 cm Ingwer, geschält und fein gehackt
- 1 TL dunkle Sojasauce
- 2 EL helle Sojasauce
- Salz

Das Hackfleisch mit den Zutaten für die Marinade mischen und 20 Minuten marinieren lassen. Die Zutaten für die Panade mit 2 EL kaltem Wasser in einer Schüssel gründlich vermengen.

Etwa 1 EL mariniertes Hackfleisch auf eine Tofuscheibe streichen. Eine zweite Tofuscheibe darauflegen. Insgesamt zwölf Tofupäckchen vorbereiten. Übriges Hackfleisch (ca. 50 g) zunächst beiseitelegen.

5 EL Öl im Wok erhitzen. Tofupäckchen in der Panade wenden und bei mittlerer Hitze von einer Seite goldbraun braten. Einmal vorsichtig wenden, Deckel auflegen und bei milder Hitze 10 Minuten weiterbraten. Herausnehmen und auf Küchenpapier abtropfen lassen.

Das alte Peking

Für die Sauce das restliche Öl im Wok erhitzen und das übrige Hackfleisch pfannenrühren, bis es Farbe nimmt. Lauchzwiebel und Ingwer dazugeben, kurz rühren, dann alle weiteren Zutaten für die Sauce sowie 150 ml Wasser in den Wok geben und aufkochen lassen. Gebratene Tofupäckchen in den Wok legen und bei niedriger Hitze 10 Minuten schmoren. Heiß mit gekochtem Reis servieren.

豆腐盒子

Jīng Jiàng Ròu Sī
Schweinefilet mit salziger Sojabohnenpaste

Zutaten für 2–3 Personen
- 300 g Schweinefilet, in dünne Streifen geschnitten
- 3 EL Pflanzenöl
- 3 Lauchzwiebeln, in dünne, ca. 5 cm lange Streifen geschnitten

Für die Marinade
- 1 EL Speisestärke
- 1 EL Reiswein
- 1 TL dunkle Sojasauce

Für die Sauce
- 2 EL salzige Sojabohnenpaste (Asialaden)
- 0,5 cm Ingwer, geschält und fein gehackt
- 1 TL Reiswein
- 1 TL Zucker
- 1 EL Pflanzenöl

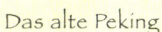

■ Die Filetstreifen mit den Zutaten für die Marinade vermengen und 20 Minuten marinieren lassen.
■ Das Öl im Wok stark erhitzen und das marinierte Fleisch kurz pfannenrühren, bis es Farbe nimmt. Herausnehmen und beiseitestellen.
■ Die Zutaten für die Sauce mit 3 EL kaltem Wasser gut verrühren. Im Wok in 1 EL Öl kurz anbraten.
■ Die Filetstreifen hineingeben und mit Sauce überziehen. Auf einem Servierteller anrichten und mit den Lauchzwiebelstreifen garnieren. Heiß servieren.

Tipp
Man kann das Gericht mit Reis servieren oder nach Peking-Art mit den Lauchzwiebelstreifen in kleine dünne Pfannkuchen einrollen. Die Pfannkuchen sind in gut sortierten Asialäden tiefgekühlt erhältlich. Oder man rollt das Fleisch in Salatblätter ein.

Das alte Peking

Bo Cai Song Zi
Spinat mit Pinienkernen

Zutaten für 2 Personen
- 500 g   Blattspinat
- 50 g   Pinienkerne
- 1   Knoblauchzehe, fein gehackt
- 1 Msp.   Pfeffer
- 2 EL   Pflanzenöl
- Salz

▪ Den Spinat waschen, verlesen und kurz blanchieren. Herausnehmen, mit Küchenpapier trockentupfen und in ca. 5 cm lange Stücke schneiden.
▪ Die Pinienkerne im Wok bei mittlerer Hitze dunkelbraun rösten.
▪ Spinat zusammen mit dem Knoblauch in den Wok zu den Pinienkernen geben und bei starker Hitze kurz pfannenrühren.
▪ Mit Salz und Pfeffer würzen und auf einem Teller servieren.

Der Kindergarten im Tierpark

Der Pekinger Zoo liegt im Westen der Stadt, ganz in der Nähe unserer früheren Wohnung. Mein Kindergarten, wo ich einige Jahre meiner Kindheit verbrachte, lag mitten in dem riesigen Tierpark – eigentlich der Traum aller Kinder!
Der Tierpark war während der Ming-Dynastie als Königsgarten angelegt worden. Einer der kaiserlichen Paläste lag nicht weit von unserem Kindergarten. Er war sehr groß, hatte graue Wände und rote Holztüren und Fenster, die mit schön geschnitzten Ornamenten verziert waren. Zu Füßen des Palasts lag ein großer See, der von vielen Weiden umstanden war. Der Palast war schon lange verlassen und verfiel langsam, der See vor seiner Tür lag oft im Nebel. Manche Leute behaupteten, dass nachts, wenn der See im Dunkeln lag, auf seiner Oberfläche eine weiß gekleidete Frau mit langen Haaren erschien. Ich war damals sehr neugierig und hoffte immer wieder, diese geheimnisvolle Frau mit den langen Haaren zu sehen – leider ist mir das bis heute nicht gelungen.
Hinter unserem Kindergarten war ein kleiner Kirschgarten, in dem wir an sonnigen Nachmittagen spielen durften. Gegenüber stand das Giraffenhaus. Die schönen Tiere spazierten hinter dem hohen Zaun umher. Ich nahm gerne ein paar Blätter von einer Pappel und zeigte sie einem Tier durch den Zaun. Die riesige Giraffe beugte ihren langen Hals herunter, wenn sie die Blätter sah, ihre Lippen waren weich, ihr Atem ganz warm, und sie fraß langsam die Blätter auf. Zum Dank leckte die blaugraue Zunge zum Schluss kurz meine Hand. Ich stellte mir oft vor, wie ich ihren Hals fest umarmte, wenn sie sich wieder aufrichtete, und ich von dort oben den ganzen Zoo überblicken könnte.
Die Küche des Kindergartens lag direkt gegenüber dem Spielzimmer. Der Koch war ein älterer und erfahrener Mann. Während wir im Hof spielten, standen oft ein paar Kinder mit langen Hälsen am großen Küchenfenster und berichteten uns, was er gerade für unser Mittagessen vorbereitete.
Meine Eltern waren beide berufstätig, und meine Schwester und ich waren während der ganzen Woche im Kindergarten, wie damals alle Kinder in China. Wir schliefen in einem großen Raum mit vielen Betten. Bei Vollmond hörten wir das Heulen der Wölfe im Zoo. Ich schlich mich dann immer zu meiner Schwester ins Bett, und wir lagen eng beieinander und schauten durch das große Fenster auf den runden, hellen Mond.

蝦扒白菜

Xia Ren Ba Bai Cai
Chinakohl mit Krabben

Zutaten für 2–3 Personen

- 200 g TK-Krabben, aufgetaut
- 400 g Chinakohl
- 2 EL Pflanzenöl
- 1 Lauchzwiebel, in dünne Ringe geschnitten
- 0,5 cm Ingwer, geschält und fein gehackt
- 125 ml Gemüsebrühe
- Salz

Für die Marinade

- 1 EL Speisestärke
- 1 TL Sesamöl
- ½ TL weißer Pfeffer aus der Mühle
- Salz

- Alle Zutaten für die Marinade in einer Schüssel vermischen und die Krabben 20 Minuten darin marinieren lassen.
- Den Chinakohl waschen und in ca. 5 cm große Stücke schneiden.
- Das Öl im Wok erhitzen. Lauchzwiebel und Ingwer kurz darin pfannenrühren. Die Chinakohlstücke hineingeben und 2 Minuten unter Rühren mitbraten.
- Die Gemüsebrühe angießen und alles zum Kochen bringen. Hitze reduzieren und salzen. Deckel auflegen und alles 15 Minuten köcheln lassen.
- Die marinierten Krabben in den Wok geben und 5 Minuten unter gelegentlichem Rühren in der Sauce ziehen lassen. Heiß mit gekochtem Reis servieren.

Zhao Qiu he

Knusprige Auberginentaler

Zutaten für 4 Personen
- 400 g Auberginen
- 500 ml Pflanzenöl

Für den Ausbackteig
- 1 Ei
- 5 EL Weizenmehl
- 1 Prise Salz

Für die Füllung
- 200 g Hackfleisch vom Schwein
- 1 EL helle Sojasauce
- 1 Lauchzwiebel, fein gehackt
- 1 cm Ingwer, geschält und fein gehackt
- 1 EL Speisestärke
- 1 EL Reiswein
- 1 Prise Salz

酥炸茄盒

▪ Die Auberginen in 0,5 cm dicke Scheiben schneiden. Zutaten für die Füllung in einer Schüssel vermengen. Zutaten für den Ausbackteig mit 6 EL kaltem Wasser in einer Schüssel gründlich verrühren.

▪ Die Hälfte der Auberginenscheiben mit dem gewürzten Hackfleisch bestreichen und jede Scheibe mit einer weiteren Auberginenscheibe bedecken.

▪ Das Öl im Wok erhitzen. Die Auberginentaler in den Teig tauchen, abtropfen lassen und bei mittlerer Hitze goldbraun frittieren, dabei einmal wenden. Herausnehmen, auf Küchenpapier abtropfen lassen und auf einer vorgewärmten Platte anrichten

▪ Heiß mit gekochtem Reis servieren. Nach Belieben ein Schälchen braunen Reisessig dazu reichen.

Beijing Kao Ya
Pekingente

Zutaten für 3–4 Personen

- 1 junge Ente (ca. 2 kg), küchenfertig und mit unversehrter Haut
- 3 EL Honig
- 1 altbackenes Brötchen
- 1 Apfel
- 20 TK-Pekingenten-Pfannkuchen (im gut sortierten Asialaden)
- 2 Lauchzwiebeln, in dünne Streifen geschnitten
- ½ Salatgurke, geschält und in dünne Streifen geschnitten
- 4 EL Pekingenten-Sauce, ersatzweise gesalzene Sojabohnenpaste

▣ Am Vortag die Ente am Hals aufhängen. 3 l Wasser in einem großen Topf zum Kochen bringen. Das kochend heiße Wasser mit der Schöpfkelle über die gesamte Entenhaut gießen (am besten den Topf nicht weit von der Ente entfernt stellen, damit das Wasser heiß bleibt). Die Ente ca. 1 Stunde gründlich trocknen lassen.

▣ 3 EL Honig mit 3 EL Wasser verrühren und die Haut der Ente damit einpinseln. Die Ente 1 Stunde trocknen lassen, dann erneut mit Honigwasser einpinseln. Die Ente an einem kühlen, luftigen Ort über Nacht trocknen lassen.

▣ Das Brötchen in Wasser einweichen, ausdrücken und in den Bauch der Ente geben. Den Apfel vierteln und ebenfalls in den Entenbauch stecken.

▣ Den Backofen auf 200 °C vorheizen. Die Ente mit der Brust nach oben auf einen Bratrost legen und in den Ofen schieben. Eine Fettpfanne unter den Rost schieben, um das herabtropfende Fett aufzufangen.

🔶 Nach 30 Minuten die Temperatur auf 120 °C reduzieren. Nach 1 weiteren Stunde die Ente vorsichtig umdrehen und die Temperatur wieder auf 200 °C hochstellen. Die Ente noch 20 Minuten braten, dann herausnehmen.
🔶 Inzwischen die Pfannkuchen auf einem Teller über Wasserdampf (z. B. im Bambusdämpfer) 5 Minuten erwärmen.
🔶 Die knusprige Haut und das Fleisch mit einem sehr scharfen Messer in dünnen Scheiben von der Ente schneiden und auf einem vorgewärmten Teller servieren.
🔶 Zum Essen 2–3 Entenstücke in die Mitte eines Pfannkuchens legen, einige Lauchzwiebel- und Gurkenstreifen darauf verteilen, etwas Pekingentensauce darübergeben und den Pfannkuchen zusammenrollen.

Man kann die Pfannkuchen auch selber machen
Zutaten für 15 Stück
    200 g   Mehl
             Salz
             Pflanzenöl

🔶 Das Mehl mit 115 ml Wasser und 1 Prise Salz verrühren. 20 Minuten ruhen lassen.
🔶 Den Teig zu einer ca. 2,5 cm dicken Rolle formen. Teigrolle in 15 Stücke schneiden und die Stücke zu Kugeln rollen. Mit etwas Öl bepinseln und mit einem Nudelholz zu dünnen Teigkreisen von ca. 15 cm Durchmesser ausrollen.
🔶 Eine Pfanne auf mittlere Hitze erwärmen und etwas Öl darin verteilen. Die Pfannkuchen nacheinander von jeder Seite 1–2 Minuten backen. Bis zum Servieren mit einem feuchten Tuch bedeckt warmstellen.

Mein Vater im Himalaja

Meine Tante und ihre Kinder

Ich mit 2 Monaten und mein Cousin

Meine Oma, mein Vater (oben links), sein Bruder, meine Tante und die Kinder

快樂節日

Das Frühlingsfest

Das Frühlingsfest ist nach dem chinesischen Mondkalender das Neujahrsfest. Vor allem wir Kinder konnten es kaum erwarten. Fast ein halbes Jahr vor dem großen Fest fingen meine Schwester und ich bereits an, die Tage zu zählen – wie lang dauert es noch bis zum Frühlingsfest?

In den 1970er-Jahren waren die meisten chinesischen Familien noch sehr arm. Wir mussten zwar keinen Hunger leiden, doch es gab für uns kaum Bonbons oder andere Leckereien. Das Frühlingsfest war deshalb wie ein Traum: Es gab köstliches Essen, neue Kleidung, lautes Feuerwerk, Geldgeschenke, Bonbons und Nüsse. Vor dem Fest war die ganze Familie beschäftigt – Lebensmittel einkaufen, saubermachen, Laternen aufhängen … Papa schrieb mit dem Pinsel Glückssprüche auf rotes Papier und klebte sie auf

unsere Haustür. Wir Kinder schnitten mit unserer Mutter traditionelle Scherenschnitte aus rotem Papier aus: einen Fisch, eine Blume, das Schriftzeichen für »Glück«, und je nachdem, welches Jahr kam, schnitten wir das entsprechende Tierkreiszeichen aus und klebten alles auf unsere Fenster. Ab und zu knallte es draußen, wenn wieder ein Ungeduldiger verfrüht einen Feuerwerkskörper zündete. Ich beobachtete gerne, wie die Sonne durch die Fenster schien und lange Schatten von den Scherenschnitten auf den Boden warf.

Am Tag vor dem Neujahrsfest wachte ich morgens immer mit einem besonderen Duft in der Nase auf. Er drang direkt von der Küche in mein Zimmer: das Aroma von gebratenem Rindfleisch und geröstetem schwarzen Sesam, den Mama in einem kleinen Steinmörser zerstieß. Meine Eltern bereiteten schon morgens das große Essen für den Abend vor. Auf dem Bett lagen meine Kleider: neue Blusen mit schönen Blumen, neue Hosen, dazu Geldgeschenke in roten Umschlägen, die ich seit einem halben Jahr schon mindestens zehnmal in meiner Vorstellung ausgegeben hatte. Wenn wir Glück hatten, waren auch neue Schuhe dabei. Es ist eine meiner schönsten Erinnerungen, wie ich im Duft des Neujahrsessens meine neuen Sachen anziehe.

Teigtaschen sind beim chinesischen Frühlingsfest ein beliebtes und traditionelles Essen. Auch wir mochten sie sehr und empfanden es immer schon als eigenes kleines Familienfest, die Teigtaschen zuzubereiten. Jeder bekam dabei eine Aufgabe. Mein Vater zerkleinerte einen großen Chinakohl mit einem riesigen Messer. Er hackte mit Rhythmus und Kraft auf das dicke, feste Holzbrett, dabei sang er auch gerne im Takt seiner Arbeit. Wir fielen in seinen Rhythmus ein und bereiteten den Teig und die Füllung zu, es war eine sehr glückliche Feststimmung. Heute denke ich sofort an Teigtaschen und das Frühlingsfest,

wenn ein ähnlicher Klang ertönt wie der des schweren Chinamessers auf dem Holzbrett: »bang … ping … bang«. Ich bin dann wieder daheim in unserer Küche in Peking und rieche den Duft der frisch zubereiteten Teigtaschen.
Nachdem den ganzen Tag über gekocht und die Neujahrsgrüße mit den Nachbarn ausgetauscht worden waren, setzten wir uns abends endlich an den Tisch, auf dem kalte und warme Speisen standen: knusprig frittierte Garnelen, kleine dicke chinesische Teigtaschen, lange geschmorte Rippchen mit brauner Sauce, weiße Klebreisknödel, die in klarer Suppe schwebten … lauter Köstlichkeiten! Es war immer ein Fest für den Gaumen, aber eine Katastrophe für den Magen. Ich aß, bis nichts mehr hineinging, sodass ich am nächsten Feiertag nicht mehr am schönen Festessen teilnehmen konnte. Mein Magen konnte nur noch geschmacklosen Reisbrei aufnehmen. Als ich klein war, passierte mir das jedes Jahr von Neuem, obwohl ich es jedes Mal bitter bereute. Und meine Familie machte sich stets darüber lustig.
Wenn das laute Feuerwerk den dunklen Winterhimmel erleuchtete, wurden wir Kinder ganz aufgeregt. Pech, Unglück und die bösen Krankheiten aus dem alten Jahr wurden vertrieben. Wir gratulierten uns gegenseitig und glaubten an ein glückliches neues Jahr.
Besonders schön war es, wenn es schneite. Wir Kinder durften lange aufbleiben und versammelten uns im Hof. Mit leuchtenden Laternen gewappnet, spielten wir Verstecken. In unserem Hof gab es viele Häuser, Ecken, Zäune und Mauern. Noch heute sehe ich meine bunte Laterne vor meinem inneren Auge, die vor mir hin und her schwankt und die dunkle Schneenacht erleuchtet.

Dou Ban Yu
Scholle in scharfer Sauce

Zutaten für 2 Personen

1	Scholle (ca. 600 g), küchenfertig
4 EL	Pflanzenöl
2 cm	Ingwer, geschält und fein gehackt
15	Knoblauchzehen, in dünne Scheiben geschnitten
1½ EL	scharfe Bohnenpaste
2	Lauchzwiebeln, in dünne Ringe geschnitten
1 EL	Speisestärke
1 EL	brauner Reisessig

Für die Sauce

1 TL	dunkle Sojasauce
1 EL	helle Sojasauce
1 TL	Zucker
150 ml	Hühnerbrühe
1 EL	brauner Essig

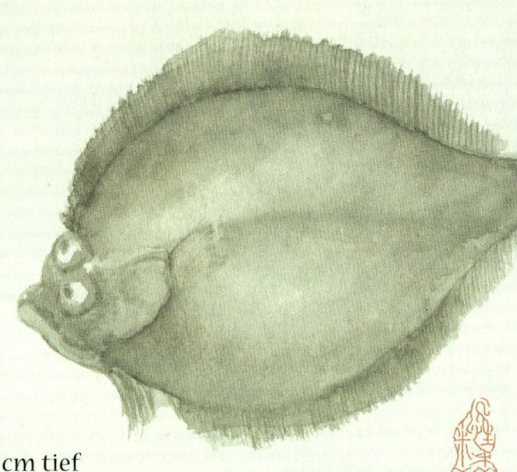

▪ Die Scholle auf beiden Seiten im Abstand von ca. 3 cm mit einem scharfen Messer 0,5 cm tief quer einschneiden.

▪ Das Öl im Wok stark erhitzen. Ingwer, Knoblauch und Bohnenpaste dazugeben und kurz pfannenrühren.

▪ Den Fisch in den Wok legen, alle Zutaten für die Sauce dazugießen und zum Kochen bringen. Deckel auflegen und den Fisch bei milder Hitze 15 Minuten schmoren. Den Fisch nach der Hälfte der Garzeit vorsichtig wenden.

▪ Den Fisch vorsichtig aus dem Wok heben und auf einen vorgewärmten Teller legen. Die Hälfte der Lauchzwiebeln in die Sauce geben und aufkochen lassen. Die Speisestärke mit 2 EL kaltem Wasser verrühren und die Sauce damit binden. Den braunen Essig unterrühren.

▪ Die Sauce über den Fisch gießen und die restlichen Lauchzwiebelringe darüber verteilen. Heiß mit gekochtem Reis servieren.

Tang Cu Pai Gu
Schweinerippchen in roter Sauce

Zutaten für 4 Personen

- 1 kg Schweinerippchen, in ca. 6–8 cm breite Stücke geschnitten
- 1 Lauchzwiebel, in dünne Ringe geschnitten
- 1 cm Ingwer, geschält und in dünne Scheiben geschnitten
- 4 Knoblauchzehen, in dünne Scheiben geschnitten
- 1 EL Speisestärke

Für die Sauce

- 2 EL Reiswein
- 2 EL dunkle Sojasauce
- 2 EL helle Sojasauce
- 3 EL Zucker
- 3 EL brauner Essig
- 300 ml Wasser
- ½ TL Salz

🔸 Den Wok stark erhitzen. Die Schweinerippchen unter gelegentlichem Rühren 10 Minuten im Wok rösten, bis sie Farbe nehmen.

🔸 Lauchzwiebelringe, Ingwer und Knoblauch dazugeben und kurz pfannnenrühren.

🔸 Alle Zutaten für die Sauce dazugeben. 300 ml Wasser zugießen und aufkochen lassen. Deckel auflegen und die Rippchen bei milder Hitze 1 ½ Stunden köcheln lassen.

🔸 1 EL Speisestärke mit 2 EL kaltem Wasser verrühren, in den Wok geben, bei starker Hitze 3 Minuten pfannenrühren.

🔸 Weiterkochen lassen, bis die Sauce leicht eindickt. Heiß mit gekochtem Reis servieren.

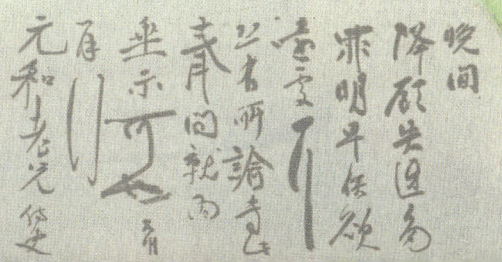

Zhi Ma Tang Yuan
Klebreisknödel mit Schwarzsesamfüllung

Zutaten für 4 Personen

- 40 g schwarze Sesamkörner
- 40 g Zucker
- 20 g Schweineschmalz
- 150 g Klebreismehl (Asialaden)

▪ Die Sesamkörner im trockenen Wok auf niedriger Stufe rösten, bis sie zu duften beginnen.

▪ Sesam abkühlen lassen, im Mörser pulverisieren und gründlich mit dem Zucker und dem Schmalz mischen. 1 Stunde kühl stellen.

▪ Klebreismehl mit 75 ml kaltem Wasser zu einem geschmeidigen Teig verkneten. Aus dem Teig ca. 3 cm große Kugeln formen und mit dem Finger ein Loch in die Mitte bohren. Sesamfüllung in das Loch geben, Loch verschließen und den Teig wieder zu einer Kugel rollen.

▪ 1 ½ Liter Wasser zum Kochen bringen. Die Klebreisknödel vorsichtig hineingleiten lassen und langsam umrühren (am besten nur das Wasser bewegen). 3-4 Minuten kochen lassen, herausnehmen und in eine Schüssel geben. Ein wenig Kochwasser dazugeben, das verhindert, dass die Knödel aneinanderkleben. Heiß servieren.

You Bao Da Xia

Riesengarnelen in Ingwersauce

Zutaten für 2 Personen

- 5 EL Pflanzenöl
- 300 g Riesengarnelen, küchenfertig, mit Schale
- 2 cm Ingwer, geschält und fein gehackt
- 2 getrocknete Chilischoten, fein gehackt
- 2 EL Reiswein
- ½ EL dunkle Sojasauce
- 1 EL helle Sojasauce
- Salz

▪ 4 EL Öl im Wok stark erhitzen und die Garnelen von beiden Seite frittieren, bis die Schale rot wird. Herausnehmen und auf Küchenpapier abtropfen lassen.

▪ 1 EL Öl in den Wok geben, Ingwer und Chilischoten dazugeben und pfannenrühren. Reiswein, beide Sojasaucen und Salz zufügen.

▪ Die Garnelen wieder in den Wok geben und schnell pfannenrühren. Heiß mit gekochtem Reis servieren.

Jiaozi
Chinesische Teigtaschen

Zutaten für 4 Personen

Für den Teig
    500 g Mehl

Für die Füllung
    300 g Chinakohl, fein gehackt
    1 TL Salz
    1 cm Ingwer, geschält und fein gehackt
    2 Lauchzwiebeln, in dünne Ringe geschnitten
    2 EL helle Sojasauce
    1 EL dunkle Sojasauce
    2 EL Reiswein
    1 TL Sesamöl
    1 TL Zucker
    2 EL Wasser
    2 EL Speisestärke

🥟 Das Mehl mit 250 ml lauwarmen Wasser zu einem Teig verkneten. 1 Stunde ruhen lassen.

🥟 Den Chinakohl mit Salz mischen und 10 Minuten Wasser ziehen lassen, dann mit den Händen das überschüssige Wasser auspressen.

🥟 Den Chinakohl gründlich mit den übrigen Zutaten vermengen. Mit mehreren Essstäbchen in der Hand in eine Richtung mindestens 5 Minuten rühren, bis die Füllung etwas klebrig wird.

🥟 Den Teig in 5 Portionen teilen und jede auf einer bemehlten Arbeitsfläche zu einer 2,5 cm dicke Rolle formen. Jede Rolle in 10 Scheiben schneiden.

🥟 Die Teigscheiben mit dem Nudelholz zu gleichmäßigen Kreisen ausrollen. Jeweils 1 TL Füllung daraufgeben und die Teigkreise zu Halbmonden zusammenfalten (siehe Schritte 1–5).

🥟 2 l Wasser in einem großen Topf zum Kochen bringen. Die Hälfte der Teigtaschen in den Topf geben und aufkochen lassen. 200 ml kaltes Wasser in den Topf gießen und erneut aufkochen lassen. Die Teigtaschen mit einem Schaumlöffel herausheben. Mit den übrigen Teigtaschen auf dieselbe Weise verfahren.

🥟 Die Teigtaschen heiß servieren. Dazu reicht man braunen Reisessig zum Eintunken.

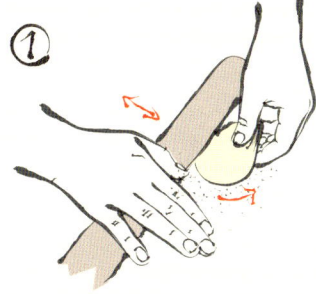

Jede Teigscheibe mit dem Nudelholz zu einem Kreis ausrollen, dabei das Teigstück stetig drehen, um einen gleichmäßigen Kreis zu erhalten.

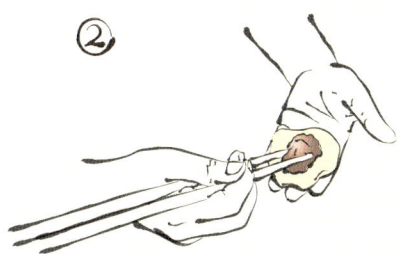

1 TL Füllung in die Teigmitte geben und …

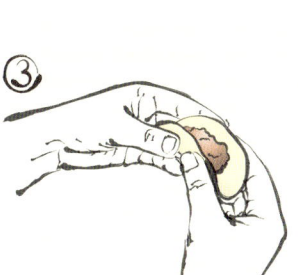

… den Teig mithilfe von Daumen und Zeigefingern …

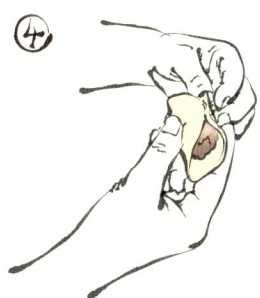

… zusammenfalten.

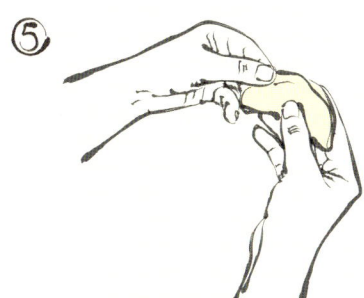

An den Rändern mit den Fingern zudrücken – fertig!

Das Mondfest

Das Mondfest ist das poetischste Fest in China. Es stammt aus den uralten Zeiten des Mondkultes. In der Vollmondnacht in der Mitte des Herbstes werden auf einen Weihrauchaltar im Garten Obstteller gestellt. Die Frauen versammeln sich in eleganter Festkleidung vor dem Altar und blicken mit verklärtem Blick starr in die Schwaden hellen Weihrauchs, die langsam in den dunklen, klaren Himmel zum silbern schimmernden Mond emporsteigen. Sie beten und hoffen, dass all ihre Wünsche in Erfüllung gehen. Diese Zeremonie praktizieren Chinesinnen seit Tausenden von Jahren.

Der Vollmond ist auch ein Symbol für Vollkommenheit, vor allem für die Einheit der Familie. Alle Familienmitglieder versuchen, für das Vollmondfest nach Hause zu kommen, wie weit entfernt voneinander sie auch sein mögen. Am Himmel steht der volle Mond, und auf der Erde versammelt sich die ganze Familie um den runden Esstisch. Der Herbst ist traditionell die beste Zeit, um Ente zu essen. Während des Sommers konnten sich die Enten dick und rund fressen. Meine Mutter marinierte eine große Ente über Nacht, am nächsten Tag wurde sie dann ungefähr zwei Stunden lang gedämpft. Anschließend wurde sie in heißem Öl gebraten, wir mochten vor allem die knusprige Haut. Meine Schwester kämpfte mit meinem Papa um die Flügel und den Hals: »Das sind die besten Stücke der Ente!« Zur Festtradition gehört auch Mondkuchen. Dieser kleine, süße Kuchen ist rund wie der Vollmond, und man muss ihn so teilen, dass jedes Familienmitglied ein Stück abbekommt.

Am schönsten war es, wenn wir uns ein Boot auf dem damaligen Königssee im Stadtzentrum mieteten und unser Festmahl auf dem Wasser einnahmen. Überall schwammen kleine Kerzenschiffchen, die wie Sterne im Dunkeln funkelten. Am Ufer leuchteten rote Laternen, das glückliche Lachen der Familien beim Essen war überall deutlich zu hören. Wir sprachen nicht, wir genossen den Moment. Das Licht des Mondes spiegelte sich im Wasser, das wie Seide glänzte.

Xiang Su Ja
Duftende knusprige Ente

Zutaten für 4 Personen

1	junge Ente (ca. 1 ½ kg), küchenfertig
250 ml	Reiswein
½ EL	Salz
6	Lauchzwiebeln, in ca. 5 cm lange Streifen geschnitten
1 EL	Sichuanpfefferkörner
4 cm	Ingwer, geschält und kleingehackt
4 Stück	Sternanis
4 EL	Speisestärke
ca. 2 l	Pflanzenöl

🀄 Die Ente in eine Schüssel legen. Den Reiswein mit dem Salz verrühren und die Ente innen und außen damit einpinseln.

🀄 Lauchzwiebeln, Sichuanpfeffer, Ingwer und Sternanis vermengen. Die Hälfte davon in den Entenbauch stecken, die andere Hälfte auf der Ente verteilen. Ente abgedeckt über Nacht kühlstellen.

🀄 Die Ente im Dämpftopf 1 ½–2 Stunden dämpfen. Die Gewürze aus dem Bauch entfernen.

🀄 Ente unter warmem Wasser kurz abspülen und mit Küchenpapier trockentupfen. Etwas warten, bis die Ente nicht mehr zu heiß ist und man sie anfassen kann.

🀄 Die Ente außen mit Speisestärke einreiben. Das Öl im Wok erhitzen und die Ente darin frittieren, bis sie goldbraun ist.

🀄 Ente herausnehmen, auf Küchenpapier abtropfen lassen und tranchieren. Heiß mit gekochtem Reis servieren.

Jiu Cai Ji Dan
Schnittknoblauch mit Eiern

Zutaten für 3–4 Personen
- 4 EL Pflanzenöl
- 3 Eier, gründlich verquirlt
- Salz
- 300 g Schnittknoblauch, in ca. 3 cm lange Stücke geschnitten (frischer Bärlauch ist ein guter Ersatz)

🥚 3 EL Öl im Wok erhitzen. Verquirlte Eier dazugeben, salzen und bei starker Hitze kurz rühren, bis die Eier etwas Farbe nehmen. Herausnehmen und beiseitestellen.

🥚 Restliches Öl im Wok erhitzen. Schnittknoblauch dazugeben und bei starker Hitze 1–2 Minuten pfannenrühren. Eier wieder dazugeben, alles mit Salz abschmecken und heiß mit gekochtem Reis servieren.

韭菜鸡蛋

Hong Shao Niu Rou
Rindfleisch in roter Sauce

Zutaten für 3–4 Personen

- 1 kg zartes Rindfleisch, in ca. 1,5 cm große Würfel geschnitten
- 4 EL Pflanzenöl
- 1 cm Ingwer, geschält und fein gehackt
- 2 Lauchzwiebeln, in ca. 5 cm lange Stücke geschnitten
- 2 EL Reiswein
- 1 EL Kandiszucker
- 4 EL dunkle Sojasauce
- 2 EL helle Sojasauce
- Salz
- 1 TL grüner Tee
- 2 Sternanis
- ½ TL Zimt
- 2 Lorbeerblätter
- je 300 g Kartoffeln und Karotten, in ca. 2 cm große Würfel geschnitten
- 1 EL Saucenbinder

1 l Wasser in einem Topf zum Kochen bringen. Die Rindfleischwürfel hineingeben und 10 Minuten kochen lassen. Fleisch aus dem Topf nehmen, das Wasser weggießen.

2 EL Öl im Wok erhitzen. Ingwer und Lauchzwiebeln bei mittlerer bis starker Hitze kurz darin pfannenrühren. Rindfleischwürfel dazugeben, dann Reiswein, Kandiszucker, beide Sojasaucen sowie Salz dazugeben und weitere 5 Minuten pfannenrühren.

750 ml warmes Wasser zugießen. Grünen Tee, Sternanis, Zimt und Lorbeerblätter dazugeben und aufkochen lassen. Hitze reduzieren, Deckel auflegen und das Ganze 1–1 ½ Stunden köcheln lassen.

Kartoffeln und Karotten in einem zweiten Wok oder einer Pfanne in 2 EL Öl bei mittlerer Hitze 10 Minuten braten.

Kartoffeln und Karotten zum Rindfleisch geben und noch 15 Minuten bei geschlossenem Deckel mitköcheln lassen.

Saucenbinder einrühren und alles 5 Minuten stark kochen lassen, bis die Sauce leicht eindickt. Heiß mit gekochtem Reis servieren.

Ich und mein Cousin

Meine Tante (Erste, von rechts) und mein Onkel (Zweiter von rechts) mit ihren Kindern und anderen Verwandten

Meine Tante, ich und mein Cousin

南方童年

Meine Tante

Meine Tante war eine sehr schöne Frau. Als sie 14 Jahre alt war, erblickte meine Oma sie bei einem Besuch. Schon bald wünschte sie sich, dass sie die Frau ihres Sohnes würde. Vor der Hochzeit bestellte meine Oma bei einem bekannten Schmuckmacher ein feines Silberschmuckset als Hochzeitsgeschenk für meine Tante. Viele Jahre später sah ich das Schmuckset bei meiner Tante auf ihrem Bauernhof in Zhejiang; meine Oma und mein Onkel waren schon gestorben, ihre Kinder waren selbst schon groß. Die Vergangenheit hatte tiefe Falten in ihr Gesicht geschrieben. Sie war nicht mehr jung, aber in meinen Augen war sie meine hübsche Tante, die immer schön angezogen war und feines Essen machte.

Sie erzählte uns von ihrer großen Hochzeit, da war sie 16. Und sie zeigte uns das Silberschmuckset, das sie in einer dunklen, mit Jade besetzten Holzkiste aufbewahrte. In ein rotes, gesticktes Seidentuch eingeschlagen, lagen darin ein Armband, ein Paar Ohrringe, eine Halskette und eine Haarnadel, alle mit Lotosblumen verziert, sehr fein und kunstvoll gefertigt. »Über 300 Gäste sind gekommen, der ganze Bauernhof war voll.« Ihre Hochzeit war wohl der schönste Tag in ihrem Leben gewesen. Ich konnte mir vorstellen, wie sie das leuchtend rote Brautkleid getragen, die schwarzen Haare zu einem »Ji«, einem traditionellen Haarknoten, hochgesteckt und dazu den funkelnden Silberschmuck angelegt hatte. Leider starb mein Onkel früh, und sie zog die drei Kinder ganz allein groß.

Meine Eltern fuhren jedes Jahr zu ihr, und wir freuten uns immer darauf, ein paar Tage bei ihr zu bleiben. Ihr Hof war nicht besonders groß, hatte aber viele Bewohner: eine Schar Hühner mit ihren Küken, einen Trupp Enten mit Entlein, zwei dicke Schweine in einem Schweinestall und einen Hund, mit dem ich mich gut verstand und der mir immer hinterherlief. Außerdem war da noch ein kleiner Singvogel, ein Augenbrauenhäherling, dessen Bambuskäfig im Wohnzimmer hing. Ich bewunderte immer seine »bemalten« Augen und sein Gesangstalent. Wir schliefen im ersten Stock, und durch das schmale Fenster konnte man den Fluss vor dem Hof sehen. Bei Sonnenuntergang sah ich gerne den Enten zu, wie sie vom Fluss nach Hause zurückgewatschelt kamen. Sie hatten den ganzen Tag am Fluss verbracht und ewig hungrig nach Futter Ausschau gehalten. Nun liefen sie diszipliniert in einer Reihe, ganz vorne die Anführerrente mit gestrecktem

Hals und stolzgeschwellter Entenbrust. In der Ferne konnte man die dunkelblauen Berge sehen, die im Frühling rosa wurden, wenn die Azaleen blühten.

Als ich vier war, blieb ich eineinhalb Jahre bei meiner Tante. Es wurde die glücklichste Zeit meiner Kindheit, meine Tante war für mich wie eine zweite Mutter. Jeden Morgen bekam ich ein Ei zum Frühstück, sie selbst aß keines, denn die Eier mussten gesammelt und auf dem Markt verkauft werden. Ab und zu briet sie Rühreier mit klein geschnittenem frischen Schnittknoblauch für uns beide zum Frühstück, der Schnittknoblauch blieb grün, und die Eier glänzten goldgelb. Mein Lieblingsessen, das mir meine Tante zubereitete, war Schweinebauch in dunkler Sauce. Das beste Fleisch hatte immer mehrere Schichten: eine Schicht Fleisch, eine Schicht Fett, noch eine Schicht Fleisch und noch eine Schicht Fett, zuunterst war die Schwarte. Meine Tante konnte manchmal sogar fünf- bis sechsfach geschichtetes Bauchfleisch besorgen. Die kleingeschnittenen Fleischstücke wurden nur mit Sojasauce, Zucker, Reiswein und Salz gewürzt und stundenlang im Wok geschmort. Das Fleisch wurde immer dunkler und glänzte. Zum Schluss wurde die Sauce rot, dick und ölig. Ungeduldig wartete ich auf den ersten Bissen. Man konnte im Mund die verschiedenen Schichten des Fleisches spüren, die Fettschichten lösten sich von selbst, und die Schwarte war weich gekocht und hatte doch noch ein wenig Biss. Ein paar Stückchen von diesem Fleisch mit Sauce auf frisch gekochtem Reis, das war das leckerste Essen der Welt!

Hong Shao Rou
Schweinebauch in roter Sauce

Zutaten für 4–6 Personen

1 kg	Schweinebauch mit Schwarte, in ca. 4 cm große Würfel geschnitten
4 EL	Reiswein
4 EL	Reisessig
3 EL	dunkle Sojasauce
80 g	Kristallzucker
	Salz

▪ Die Schweinebauchwürfel in eine Schüssel legen. 1 ½ l kaltes Wasser und 2 EL Reiswein zugießen und das Fleisch 15 Minuten darin liegen lassen.

▪ Das Fleisch mit 300 ml Wasser im Wok zum Kochen bringen. Nach ca. 5 Minuten beginnt sich weißer Schaum abzusetzen, der mit einem Sieb entfernt werden muss.

▪ Restlichen Reiswein und den Reisessig dazugeben. Das Fleisch weitere 20 Minuten kochen, dann die Hitze reduzieren, Deckel auflegen und köcheln lassen.

▪ Nach 1 Stunde Sojasauce und Salz zugeben. Das Fleisch weitere 30 Minuten köcheln lassen.

▪ Hitze wieder erhöhen, Zucker einrieseln lassen und 5 Minuten rühren, bis die Sauce dick und glänzend wird. Heiß mit gekochtem Reis servieren.

Tipps

▪ Der Schweinebauch sollte mindestens fünf Schichten Fleisch aufweisen.

▪ Falls zu viel Wasser verdampft, heißes Wasser nachgießen; kaltes Wasser würde den Geschmack beeinträchtigen.

紅燒肉

Tao Ren Hao You Sheng Cai
Salat mit Walnüssen in Austernsauce

Zutaten für 2–3 Personen

- 100 g Walnusskerne
- 3 EL Pflanzenöl
- ½ EL Austernsauce
- 2 Knoblauchzehen, geschält und fein gehackt
- 300 g Salatblätter, grob zerkleinert
- 1 EL Reiswein
- 1 TL Zucker
- Salz
- ½ TL gekörnte Gemüsebrühe

🔸 Die Walnüsse bei milder Hitze im Wok rösten. Herausnehmen und zu kleinen Stücken zerdrücken.

🔸 Das Öl im Wok erhitzen. Austernsauce dazugeben und kurz verrühren. Rasch hintereinander Knoblauch, Salatblätter, Reiswein, Zucker, Salz und Gemüsebrühe dazugeben und 1 Minute pfannenrühren.

🔸 Alles auf einen Teller geben, die Walnüsse darüberstreuen und den Salat heiß mit gekochtem Reis servieren.

Yao Guo Ji Ding
Hühnerfleisch mit Cashewkernen

Zutaten für 4 Personen

- 300 g Hühnerbrust, in 1,5 cm große Würfel geschnitten
- 4 EL Pflanzenöl
- 100 g geröstete Cashewnüsse
- 1 Lauchzwiebel, in dünne Ringe geschnitten
- 1 cm Ingwer, geschält und fein gehackt
- 2 Knoblauchzehen, geschält und fein gehackt
- 1 rote Paprikaschote, klein gewürfelt
- Salz

Für die Marinade

- 1 EL Speisestärke
- ½ EL dunkle Sojasauce
- 1 EL helle Sojasauce
- 1 TL Zucker
- 1 EL Reiswein
- Salz

▪ Das Hühnerfleisch mit den Zutaten für die Marinade mischen und 20 Minuten marinieren lassen.

▪ Das Öl im Wok erhitzen. Hühnerfleisch dazugeben und bei starker Hitze schnell pfannenrühren, bis es Farbe nimmt und sich das Aroma entfaltet.

▪ Restliche Zutaten in den Wok geben, dabei weiter schnell 1–2 Minuten pfannenrühren. Heiß mit gekochtem Reis servieren.

Suan Rong He Lan Dou
Zuckerschoten mit Knoblauch

Zutaten für 2–3 Personen

3 EL	Pflanzenöl
300 g	Zuckerschoten, geputzt und gefädelt
5	Knoblauchzehen, geschält und fein gehackt
1	Lauchzwiebel, in dünne Ringe geschnitten
1 cm	Ingwer, geschält und fein gehackt
1 EL	Reiswein
	Salz
1 Prise	gekörnte Gemüsebrühe

🔴 Das Öl im Wok stark erhitzen. Zuckerschoten dazugeben und schnell 1 Minute pfannenrühren.

🔴 Restliche Zutaten dazugeben, 2–3 Minuten pfannenrühren. Heiß mit gekochtem Reis servieren.

Fen Si Liang Cai
Glasnudelsalat

Zutaten für 2 Personen
- 100 g Glasnudeln
- ½ Salatgurke, in ca. 5 cm lange Streifen geschnitten
- 1 mittelgroße Karotte, in ca. 5 cm lange Streifen geschnitten

Für die Sauce
- 1 EL helle Sojasauce
- 1 EL brauner Reisessig
- 2 EL Pflanzenöl
- 1 TL Zucker
- 1 Lauchzwiebel, in dünne Ringe geschnitten
- 1 Knoblauchzehe, geschält und zerdrückt
- 0,5 cm Ingwer, geschält und fein gehackt
- 1 Prise gemahlener Sichuanpfeffer
- 1 TL gekörnte Gemüsebrühe
- Salz

▪ Die Glasnudeln 5 Minuten in heißem Wasser quellen lassen. Durch ein Sieb abgießen und kalt abschrecken.

▪ Die Glasnudeln mit den Gurken- und Karottenstreifen auf einem Teller anrichten. Alle Zutaten für die Sauce gründlich mischen. Über den Salat gießen und einmal durchrühren.

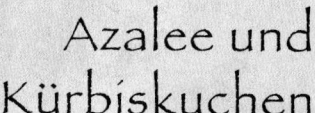

Azalee und Kürbiskuchen

Meine Tante hatte nicht genug Geld, um Süßigkeiten für mich zu kaufen. Meine Eltern schickten uns jeden Monat mit der Post eine kleine Tüte Zucker aus Peking, aber der wurde meistens zum Kochen verwendet. Die Nachbarskinder aus dem Dorf hatten, wie ich, alle dasselbe Verlangen nach Bonbons oder etwas Süßem, und oft gingen wir gemeinsam los und gruben nach einer bestimmten Baumwurzel. Ich kann mich nicht mehr an die genaue Baumart erinnern, aber die Wurzeln, die wir mit einem Messer abschnitten, hatten eine hellgelbe Färbung, waren saftig und schmeckten etwas süß. Wir waren glücklich, wenn wir ab und zu auf einem Stück dieser Baumwurzel herumkauen konnten.

Wenn im Frühling die Azaleen blühten, verwandelten sich die Berge hinter dem Fluss in rosa Wolken. Wir zogen dann los und verschwanden in den rosa Wolken. Die essbaren Blütenblätter der Azaleen schmeckten wunderbar und frisch, etwas säuerlich und gleichzeitig süß.

Einmal war ich mit einem Nachbarsmädchen, das schon sieben Jahre alt war, unterwegs in den Bergen. Wir aßen diese Blütenblätter und lachten viel, wobei wir uns immer weiter von zu Hause entfernten. Plötzlich zeigte das Mädchen auf ein Haus unten im Tal: »Das ist die Grundschule meines Bruders, ich gehe hinunter, um ihn abzuholen, du findest doch alleine nach Hause?« Ich hatte die ganze Zeit nicht auf den Weg geachtet, aber ich nickte. Bis heute kann ich nicht verstehen, warum ich damals genickt habe. Als ich sah, wie das Mädchen auf dem Bergpfad verschwand, hatte ich plötzlich Angst und fühlte mich allein. Mein Hund war nicht dabei, also musste ich, ein kleines fünfjähriges Mädchen, selbst den Weg nach Hause finden. Ich kann mich noch an das Hin- und Herirren und den immer gleichen Bergpfad erinnern. Ich versank in einem endlosen, rosafarbenen Nebel wie in einem Albtraum.

Ich weiß nicht mehr, wie lange das Ganze dauerte. Als ich meine Augen wieder aufschlug, sah ich ein altes grauhaariges Bauernpaar, das mich sanft anschaute.

Ich hörte, wie in der Küche Öl in einer Pfanne auf dem Herd zischte, und es lag ein herrlicher Duft in der Luft. Vor mir stand eine kleine Schüssel, in der zwei frisch gebratene Kürbiskuchen lagen. Sie dampften noch und waren außen knusprig vom Braten im Öl, innen noch klebrig weich und süß. Bis heute kann ich mich gut an den Geschmack und das Gefühl im Mund erinnern, und an den rötlichen Sonnenstrahl, der gerade auf den Esstisch fiel. Draußen im Hof sah ich einen riesigen Baum im roten Abendlicht.

Nan Guan Bing
Kürbiskuchen

Zutaten für 4 Personen
- 250 g Kürbis, geschält
- 125 g Klebreismehl (Asialaden)
- 3 EL Zucker
- 4 EL Pflanzenöl
- 1 TL Kokosraspel

🔸 Den Kürbis in 500 ml Wasser 25 Minuten weich kochen. Den gekochten Kürbis noch warm mit einem Löffel zerdrücken.

🔸 Den zerdrückten Kürbis mit Klebreismehl, Zucker und 1 EL Öl verkneten. Aus der Masse ca. 3 cm große Kugeln formen und diese flach drücken.

🔸 Das restliche Öl im Wok erhitzen. Die Kürbiskuchen im heißen Öl 3 Minuten je Seite goldbraun backen. Herausheben und auf Küchenpapier abtropfen lassen. Heiß mit Kokosraspeln bestreut servieren.

He Ye Nuo Mi Ji
Lotosblättertaschen mit Klebreis und Huhn

Zutaten für 4 Personen
- 500 g Klebreis (Asialaden)
- 4 getrocknete Lotosblätter
- 6 EL Pflanzenöl
- 300 g Hühnerbrust, in ca. 2 cm große Würfel geschnitten
- 100 g TK-Erbsen
- 100 g Bambussprossen, aus der Dose, in ca. 1 cm große Stücke geschnitten
- 100 g luftgetrockneter Schinken, in ca. 1 cm große Stücke geschnitten
- 4 Donggu-Pilze, 20 Minuten in heißem Wasser eingeweicht, dann in ca. 1 cm große Stücke geschnitten
- 1 ½ TL Salz
- Küchengarn

Für die Marinade
- 2 EL helle Sojasauce
- 1 EL dunkle Sojasauce
- 2 EL Reiswein
- 2 TL Austernsauce (Asialaden)
- 1 ½ EL Speisestärke

▪ Den Klebreis in einer Schüssel mit ca. 600 ml kaltem Wasser 2 Stunden einweichen. Die getrockneten Lotosblätter in einer großen Schüssel ebenso lange in Wasser einweichen.

▪ Den Wok zur Hälfte mit Wasser füllen und zum Kochen bringen. Den eingeweichten Klebreis in den Bambusdämpfer geben, Deckel auflegen und den Klebreis 20 Minuten dämpfen.

▪ Inzwischen das Hühnerfleisch mit den Zutaten für die Marinade vermengen und 20 Minuten marinieren lassen. Das Öl im Wok erhitzen und das Hühnerfleisch darin pfannenrühren, bis es Farbe nimmt. Erbsen, Bambussprossen, Schinken und Donggu-Pilze dazugeben und weitere 1–2 Minuten pfannenrühren.

▪ Den gedämpften Klebreis und 1 ½ TL Salz in den Wok geben und alles gründlich vermengen. Vom Herd nehmen und 10 Minuten abkühlen lassen.

▪ Die Kleibreisfüllung in 4 Portionen teilen. Jeweils eine Portion in ein Lotosblatt legen und zu einem Päckchen zusammenfalten. Mit Küchengarn umwickeln und fest verschnüren. Mit der restlichen Füllung ebenso verfahren.

▪ Den Wok zur Hälfte mit kaltem Wasser füllen und zum Kochen bringen. Die Lotosblättertaschen im Bambusdämpfer bei geschlossenem Deckel 30 Minuten dämpfen. Heiß servieren. Vorsicht, die Füllung kann sehr heiß sein!

Das Boot

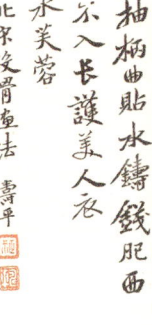

Wir benutzten Holztröge als Badewannen. Es gab große Tröge für Erwachsene und etwas kleinere für Kinder. Darin saß ich gerne wohlig warm, das heiße Wasser dampfte, während meine Tante mich mit ihren großen sanften Händen wusch.

Die Holztröge ließen sich aber auch anderweitig verwenden. Im Sommer blühten die Lotosblumen überall in den Seen und Teichen Südchinas. Eines Tages kamen die Nachbarskinder vorbei und überredeten mich, mit ihnen in den Holztrögen auf dem Lotosteich Boot zu fahren, und natürlich wollte ich sofort mit. Bevor wir aufbrachen, fiel mir ein, dass meine Tante am Vorabend wegen meiner schmutzigen Hose geschimpft hatte. Ich hatte eine neue kurze Hose an, die meine Tante selbst genäht hatte, eine für sich und eine für mich aus demselben dunklen Stoff mit weißem Blumenmuster. Ich stieg rasch die Treppe hinauf und zog schnell die Hose an, die meine Tante für sich selbst genäht hatte. Sie hatte einen elastischen Bund, und meine Tante war sehr schlank, dennoch lachten meine Spielgefährten über meine zu große Hose, die ich dauernd hochziehen musste.

Es war ein wunderschöner Sommernachmittag. Ich saß mit einem neunjährigen Jungen in meinem »Boot«, und wir fuhren inmitten der Lotosblumen über das Wasser, die Sonne brannte.

Als ich mit einigen Lotosblättern in der Hand zum Hof meiner Tante zurückkehrte, bemerkte sie sofort »meine« schmutzige, nasse Hose, die an meinen Beinen klebte und tropfte. Sie wurde sehr wütend und schimpfte laut. Ich war sehr erschrocken und wusste nicht, wie ich es ihr erklären sollte.

Das Abendessen bereitete meine Tante mit den Lotosblättern zu, die ich während meines abenteuerlichen Ausflugs auf dem Wasser gepflückt hatte. Das Hühnerfleisch und der Klebreis wurden in frische Lotosblätter gewickelt, ihr Geschmack zog durch den Dampf tief in das Essen ein. Am Esstisch wurde meine Tante wieder versöhnlich, und ich fing an, ihr meine Geschichte zu schildern. »Ich hatte doch Angst, dass du mich schimpfst, wenn ich meine Hose schmutzig mache. Deshalb habe ich deine …« Meine Tante blickte mich erstaunt an und lachte über meine kindliche Logik.

Nordchinesischer Bauernhof

Nordwestlich von Peking liegt ein Gebirge, in dem es noch heute viele alte Höfe gibt, die zumeist neben einem Fluss am Fuße der Berge liegen. Dorthin fuhren wir oft als junge Erwachsene zusammen mit Freunden, um Urlaub zu machen. Die kleinen Dörfer waren aus den Steinen der Berge errichtet. Fast alle Familien hatten große Höfe mit einem großzügigen Gärten, in denen Gemüse und schöne Blumen wuchsen. Unter den Dachvorsprüngen hingen neben den Holzfenstern ganze Bündel von goldfarbenen Maiskolben und roten, scharfen Chilischoten. Die meisten Häuser hatten auf dem Dach eine Terrasse, auf der das Getreide getrocknet wurde. Dort konnten wir Urlauber die Sonne genießen und in die weite Ferne blicken, wo sich der »chinesische Drache«, die Große Mauer, durch die Landschaft schlängelte. Die Bauern waren fleißig und nett, auf ihren Gesichtern stand immer ein glückliches und zufriedenes Lächeln. Für wenig Geld durften wir bei ihnen übernachten und bekamen gutes Essen.

Im Sommer floss überall klares Quellwasser. Es lief an den Felswänden in der Schlucht neben dem Bauernhof herab und bildete einen Bach und viele kleine Seen. Man konnte darin baden, das Wasser war herrlich kühl und kristallklar. Wir waren oft ganz allein, nur ab und zu kamen Bauernkinder vorbei. Sonst hörte man nur das Plätschern des Wassers und den Wind in den Bäumen. Gerne fing ich mit einer Flasche, in die ich ein paar Brotkrumen gesteckt hatte, die Fische im Bach, die winzig klein und fast transparent waren, ließ sie aber gleich wieder frei.

Man konnte auch durch die Schlucht den Bach entlangwandern bis hinunter zum Fluss und dort auf die Ruinen der Großen Mauer klettern. Die nordchinesischen Berge sind wild und imposant, die Große Mauer lässt dort die Wüste hinter sich und führt über die Spitze des Nordgebirges wie ein Drache weiter entlang bis zur Küste. Hier in den Bergen war die Große Mauer, anders als in den Touristenorten, nicht renoviert, sondern von Pflanzen überwuchert und teilweise zerfallen. Ihre besondere Schönheit übte einen abenteuerlichen Reiz auf uns aus.

Von einem Wachturm der Großen Mauer aus konnten wir sehen, wie der graue Rauch von den Herdfeuern langsam über den Dächern des Dorfes aufstieg; der Geruch von brennendem Holz erfüllte die Luft. Dann gingen wir, ja rannten fast »nach Hause«. Die Bäuerin briet mit dem frischen Gemüse aus ihrem Garten frische Zucchinipfannkuchen. Diese aßen die Nordchinesen gerne als Vorspeise, zusammen mit Knoblauch und Essigsauce, um den Geschmack zu verfeinern. Manchmal halfen wir auch beim Pflücken der grünen Bohnen. Diese wurden dann zusammen mit fein gehacktem Knoblauch in Öl gebraten. Hinzu kamen noch ein paar Streifen Schweinefleisch, alles schmeckte so natürlich und frisch.

Wenn wir rund um den kleinen Holztisch im Garten saßen und Bier tranken und sich der ganze Bauernhof langsam im Licht der untergehenden Sonne rot-golden färbte, konnten wir über der Hofmauer die endlose Große Mauer auf den Rücken und Gipfeln der Berge sehen, wie sie fast unwirklich in der Ferne leuchtete.

Die Küchen wurden damals meist direkt neben das Wohn- und Schlafzimmer gebaut. Die Kochstelle bestand aus grob behauenem Felsgestein, ebenso das Bett im Schlafzimmer, das so groß war, dass die ganze Familie darauf schlafen konnte. Kochstelle und Bett waren durch einen Tunnel verbunden, durch den die beim Kochen entstehende Wärme unter das Bett geleitet werden konnte. Das war vor allem im Winter sehr angenehm. Während unseres Urlaubs schliefen wir gerne alle zusammen in dem großen Bett, und in den Nächten erzählten wir uns Geistergeschichten.

Suan Cai Fen Si

Gebratene Glasnudeln mit Sauerkraut und Schweinefleisch

Zutaten für 2 Personen

150 g	Schweinefleisch, in dünne Streifen geschnitten
4 EL	Pflanzenöl
3	getrocknete Chilischoten, in dünne Ringe geschnitten
1 TL	Sichuanpfefferkörner
1	Lauchzwiebel, in dünne Ringe geschnitten
2	Knoblauchzehen, kleingehackt
0,5 cm	Ingwer, geschält und fein gehackt
150 g	Sauerkraut (aus der Dose)
100 g	Glasnudeln, 10 Minuten in heißem Wasser eingeweicht, abgetropft

Für die Marinade
- 1 TL dunkle Sojasauce
- 1 TL Reiswein
- 1 TL Speisestärke
- Salz

Für die Sauce
- 4 EL Hühnerbrühe
- 1 EL helle Sojasauce
- 1 EL Reiswein
- 1 Prise Salz

▪ Alle Zutaten für die Marinade vermischen und die Schweinefleischstreifen 20 Minuten marinieren lassen.

▪ Das Öl im Wok erhitzen. Chilis und Sichuanpfeffer kurz darin pfannenrühren, bis sich ihre Aromen entfalten. Chilis und Pfefferkörner herausnehmen und wegwerfen.

▪ Lauchzwiebel, Knoblauch und Ingwer in den Wok geben und rühren, bis sich ihre Aromen entfalten. Mariniertes Schweinefleisch dazugeben und pfannenrühren, bis es Farbe nimmt.

▪ Das Sauerkraut in den Wok geben und ½ Minute pfannenrühren.

▪ Die Zutaten für die Sauce sowie die eingeweichten Glasnudeln in den Wok geben. Alles zum Kochen bringen, Deckel auflegen und bei milder Hitze 5 Minuten schmoren. Heiß mit gekochtem Reis servieren.

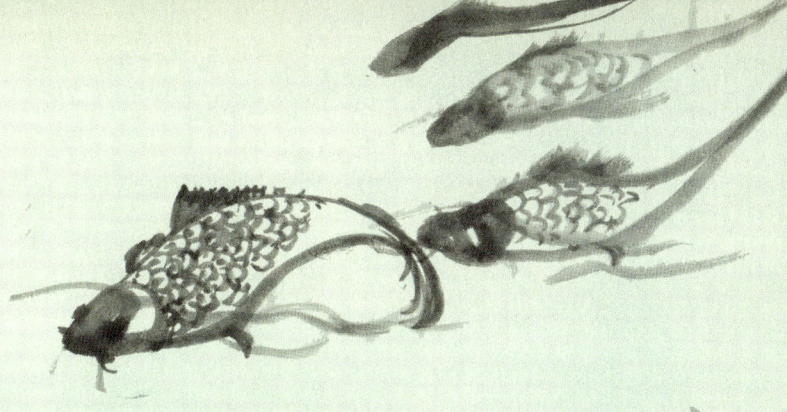

Hong Shao Yü Liu
Fischfilet in roter Sauce

Zutaten für 2–3 Personen
- 600 g festes Fischfilet (z. B. Pangasius, Victoriaseebarsch)
- 50 g Mehl
- 3 EL Pflanzenöl
- 2 Lauchzwiebeln, in dünne Ringe geschnitten
- 1 cm Ingwer, geschält und fein gehackt
- 3 Knoblauchzehen, geschält und kleingeschnitten
- 100 g TK-Erbsen
- ½ rote Paprikaschote, in ca. 1,5 cm große Würfel geschnitten

Für die Sauce
- 2 EL Reiswein
- 1 EL brauner Reisessig
- 1 TL dunkle Sojasoße
- 1 EL helle Sojasoße
- 1 TL Zucker
- 1 Prise weißer Pfeffer
- 1 Prise Salz

 Die Fischfilets waschen, mit Küchenpapier trockentupfen und von beiden Seiten im Mehl wenden.

 Das Öl in einer Pfanne erhitzen und die Fischfilets bei mittlerer Hitze von beiden Seiten goldgelb braten.

 Lauchzwiebeln, Ingwer und Knoblauch dazugeben und vorsichtig rühren, bis sie ihre Aromen entfalten.

 Alle Zutaten für die Sauce in die Pfanne geben, 150 ml kaltes Wasser zugießen und alles bei milder Hitze 8 Minuten köcheln lassen. Erbsen und Paprika dazugeben und weitere 2 Minuten köcheln lassen. Heiß mit gekochtem Reis servieren.

Ban Li Shao Ji

Kastanien mit Huhn

Zutaten für 4–6 Personen

- 300 g Esskastanien mit Schale
- 4 EL Pflanzenöl
- 1 Brathähnchen (ca. 1,2 kg), in 12 Stücke zerteilt
- 2 Lauchzwiebeln, in 3 cm große Stücke geschnitten
- 2 cm Ingwer, geschält und in dünne Scheiben geschnitten

Für die Sauce

- 2 EL Reiswein
- 2 TL Zucker
- 2 EL helle Sojasauce
- 1 EL dunkle Sojasauce
- Salz
- 1 EL Speisestärke

▪ Die Kastanien mit einem Messer oben über Kreuz einschneiden. 5 Minuten in kochendem Wasser garen. Herausnehmen, etwas abkühlen lassen und schälen.

▪ Das Öl im Wok stark erhitzen. Die Hühnerteile darin pfannenrühren, bis sie von allen Seiten Farbe nehmen.

▪ Lauchzwiebeln und Ingwer dazugeben und rühren, bis sie ihre Aromen entfalten.

▪ Alle Zutaten für die Sauce außer der Speisestärke in den Wok geben. 200 ml Wasser dazugießen, Deckel auflegen und alles bei milder Hitze 30 Minuten schmoren.

▪ Die Kastanien dazugeben, kurz rühren und alles weitere 20 Minuten schmoren.

▪ Deckel abnehmen und die Hitze erhöhen. 5 Minuten kochen, damit ein Teil der Flüssigkeit verdampft. Die Speisestärke in 2 EL kaltem Wasser auflösen und rasch unterrühren. Heiß mit gekochtem Reis servieren.

Kastanien

Der Herbst ist die schönste Jahreszeit in Nordchina. Die goldenen Maisfelder kontrastieren mit dem blauen Himmel, und die auf Fäden gezogenen Maiskolben hängen unter den Dächern der Bauernhöfe. Die Maisstängel dienen den Bauern als Tierfutter. Während wir hier Urlaub machten, durften wir hin und wieder ein Bündel davon nehmen, um am Abend damit ein Lagerfeuer am Flussufer zu machen.
Von der Dachterrasse aus konnten wir die Berge sehen: Überall hingen rote und gelbe reife Früchte, knackige Äpfel oder runde, süße chinesische Datteln. Weiter entfernt, tief in den Bergen, gab es viele Kastanienbäume, die im Herbst voller grüner Früchte hingen. Ich stellte mir vor, wie sie auf den Boden fielen, dabei unterschiedliche Geräusche machten und weiter den Berg hinunterrollten. Die Bauern gingen mit einem großen Sack in die Berge, um die Kastanien einzusammeln. Dort suchten sie zuerst nach den langen Bambusstangen, die sie unter den Bäumen versteckt hatten. Die Stangen waren drei bis vier Meter lang, dünn und kräftig. Man musste zuerst einen Zweig mit Kastanienfrüchten suchen, dann schlug man mit der Stange, um mit der Spitze den Zweig zu treffen. Die Früchte fielen sofort herunter. Ich versuchte nur einmal, mit solch einer Stange Kastanien herunterzuschlagen. Die lange Stange vibrierte so stark und unkontrolliert, dass es mir nicht gelang, das Ende in eine bestimmte Richtung zu steuern. Die erfahrenen Bauern beherrschten diese Technik so exakt und schnell, dass wir uns lachend vor den andauernd herabregnenden Kastanien in Sicherheit bringen mussten. Es tut ganz schön weh, wenn einem die Früchte mit der stachligen Schale auf den Kopf fallen. Die dunkelroten Kastanien brachen manchmal schon aus der Schale hervor und lagen verstreut auf der Wiese.
Die Kastanien wurden dann zum Trocknen auf den Dachterrassen ausgebreitet. Einige Tage später schlug man mit einem Stock die stacheligen Schalen ab und füllte die Kastanien in Säcke, die in ganz China und sogar ins Ausland verkauft wurden. Die Bäuerin kochte die Kastanien zuerst in heißem Wasser, damit sie einfacher zu schälen waren. Dann wurden sie zusammen mit kleingehacktem Huhn lange im Wok geschmort, der Duft breitete sich im ganzen Hof aus. Die goldenen Kastanienkugeln verbanden sich mit den Hühnerstücken in der dunklen Sauce. Wir aßen oft auf der Dachterrasse, die Herbstabende waren schon etwas kühler und angenehmer. Die Berge in der Ferne lagen in der Abenddämmerung, nur ein einzelner Berggipfel wurde vom hellen Mondlicht beleuchtet. Die Glühwürmchen flogen hin und her mit ihren kleinen grünen Birnchen, man konnte sie einfach mit der Hand fangen. Das Plätschern des Quellwassers war am Abend besonders deutlich zu hören.

Gan Bian Dou Jiao
Grüne Bohnen mit Hackfleisch

Zutaten für 2 Personen)

4 EL	Pflanzenöl
500 g	grüne Bohnen, gewaschen und geputzt
4	getrocknete rote Chilischoten, kleingehackt
½ TL	Sichuanpfefferkörner
0,5 cm	Ingwer, geschält und fein gehackt
3	Knoblauchzehen, geschält und kleingehackt
200 g	Hackfleisch vom Rind
1 TL	dunkle Sojasauce
1 TL	Zucker
1 TL	brauner Reisessig
	Salz
1	Lauchzwiebel, in dünne Ringe geschnitten.

▣ 2 EL Öl im Wok erhitzen. Die Bohnen darin bei mittlerer Hitze 15 Minuten unter wiederholtem Rühren braten, bis sie faltig und trocken werden. Herausnehmen und beiseitestellen.

▣ Chili und Sichuanpfeffer im restlichen Öl pfannenrühren, bis sie ihre Aromen entfalten. Aus dem Wok nehmen und wegwerfen.

▣ Ingwer und Knoblauch in den Wok geben und kurz pfannenrühren. Das Hackfleisch dazugeben und schnell weiterrühren. Sojasauce, Zucker, Reisessig, 5 EL Wasser und 1 Prise Salz unterrühren.

▣ Die Bohnen in den Wok geben, Hitze erhöhen und weiterrühren, bis die Flüssigkeit zur Hälfte verdampft ist.

▣ Das Gericht mit Lauchzwiebelringen bestreuen und heiß mit gekochtem Reis servieren.

Dou Shi Niu Rou
Rindfleisch mit schwarzen Sojabohnen

Zutaten für 2–3 Personen

- 350 g Rindfleisch aus der Hüfte, in ca. 5 cm lange, dünne Streifen geschnitten
- 2 EL Pflanzenöl
- je ½ rote und grüne Paprikaschote, in ca. 2 cm große Würfel geschnitten

Für die Sauce

- 2 EL Pflanzenöl
- 1 Zwiebel, geschält und grob gehackt
- 1 cm Ingwer, geschält und fein gehackt
- 2 Knoblauchzehen, geschält und in Scheiben geschnitten
- 2 EL fermentierte schwarze Sojabohnen (Asialaden)
- 125 ml Rinderbrühe
- 1 EL helle Sojasauce
- 1 EL brauner Reisessig
- 1 TL Zucker
- Salz
- 1 TL Speisestärke

Für die Marinade

- 1 EL Reiswein
- 1 EL dunkle Sojasauce
- 1 TL Zucker
- 1 EL Speisestärke
- 2 EL Pflanzenöl
- Salz

- Die Rindfleischstreifen mit den Zutaten für die Marinade vermengen und 20 Minuten marinieren lassen.
- Das Öl im Wok stark erhitzen. Das marinierte Rindfleisch darin pfannenrühren, bis es etwas Farbe nimmt. Herausnehmen und beiseitestellen.
- Für die Sauce das Öl im Wok erhitzen. Zwiebel, Ingwer, Knoblauch und die schwarzen Sojabohnen hineingeben und kurz pfannenrühren. Dann Rinderbrühe, Sojasauce, Essig, Zucker und Salz dazugeben.
- Das gebratene Rindfleisch zusammen mit den Paprikawürfeln in den Wok geben. Hitze reduzieren und alles 3 Minuten köcheln lassen.
- Die Speisestärke in 1 EL kaltem Wasser lösen und kurz unterrühren. Das Gericht heiß mit gekochtem Reis servieren.

Hu Ta Zi
Zucchinipfannkuchen

Zutaten für 4 Pfannkuchen

- 1 mittelgroßer Zucchino, fein geraspelt
- Salz
- ½ mittelgroße Karotte, fein geraspelt
- 2 Eier
- 100 g Mehl
- 1 Lauchzwiebel, in dünne Ringe geschnitten
- 0,5 cm Ingwer, fein gehackt
- 4 EL Pflanzenöl

▪ Die Zucchiniraspeln in einer großen Schüssel mit 1 TL Salz bestreuen. 20 Minuten Wasser ziehen lassen.
▪ Geraspelte Karotte, Eier, Mehl, Lauchzwiebelringe und Ingwer dazugeben und alles gründlich mischen.
▪ 1 EL Öl in einer Pfanne erhitzen. Ein Viertel der Zucchinimasse in die Pfanne geben und vorsichtig kreisrund formen. Bei mittlerer Hitze von beiden Seiten goldgelb backen. Nacheinander vier Zucchinipfannkuchen ausbacken. Heiß servieren.

Song Ren Yu Mi
Mais mit Pinienkernen

Zutaten für 2–3 Personen

- ½ Lauchzwiebel, fein gehackt
- 0,5 cm Ingwer, geschält und fein gehackt
- 1 EL Reiswein
- ½ TL gekörnte Gemüsebrühe
- Salz
- 2 EL Pflanzenöl
- 50 g Pinienkerne
- 250 g Mais (aus der Dose)
- ½ EL Speisestärke

▤ Lauchzwiebel und Ingwer mit 3 EL kaltem Wasser in einer Schale vermengen. 20 Minuten stehen lassen. Lauchzwiebel und Ingwer herausnehmen und wegwerfen. Das Einweichwasser mit Reiswein, zusätzlich 100 ml Wasser, Gemüsebrühe und etwas Salz verrühren.
▤ Das Öl im Wok erhitzen. Die Pinienkerne bei mittlerer Hitze darin goldbraun braten. Aus dem Wok nehmen.
▤ Hitze erhöhen, die angerührte Sauce in den Wok geben und zum Kochen bringen. Den Mais dazugeben und 2 Minuten kochen. Die Speisestärke in 1 EL Wasser lösen und unter die Sauce rühren, bis sie etwas eindickt.
▤ Den Mais anrichten und mit Pinienkernen bestreuen. Heiß mit gekochtem Reis servieren.

Hun Tun
Wan-Tan-Suppe

Zutaten für 24 Wan-Tan

24	Blätter tiefgekühlter Wan-Tan-Teig (Asialaden), aufgetaut
800 ml	Hühnerbrühe
1	Lauchzwiebel, in dünne Ringe geschnitten

Für die Füllung

2	Donggu-Pilze (Asialaden), 20 Minuten in heißem Wasser eingeweicht, fein gehackt
150 g	Blattspinat, blanchiert und fein gehackt
125 g	Hackfleisch vom Schwein
60 g	Krabben, fein gehackt
1	Lauchzwiebel, in dünne Ringe geschnitten
0,5 cm	Ingwer, geschält und fein gehackt
1 EL	Reiswein
1 ½ EL	helle Sojasauce
1 TL	dunkle Sojasauce
1 TL	Zucker
1 TL	Sesamöl
2 EL	Speisestärke
2 EL	Pflanzenöl
	Salz

▪ Alle Zutaten für die Füllung in einer Schüssel gründlich mischen. Die Füllung mit mehreren Essstäbchen in einer Hand mindestens 5 Minuten in einer Richtung durchrühren, bis sie etwas klebrig und dick wird.

▪ Jeweils 1 ½ TL Füllung in die Mitte eines Wan-Tan-Blattes legen. Den Teig, wie in den Schritten 1–6 beschrieben, über der Füllung zu kleinen Taschen zusammenfalten.

▪ Reichlich Wasser in einem Topf zum Kochen bringen. Die vorbereiteten Wan-Tan in das kochende Wasser geben und vorsichtig umrühren. Aufkochen lassen, dann die Hitze reduzieren und die Wan-Tan offen 10 Minuten leise köcheln lassen.

🔴 Inzwischen die Hühnerbrühe erhitzen und auf vier Suppenschalen verteilen. Jeweils sechs Wan-Tan in eine Schale geben. Heiß, mit Lauchzwiebelringen bestreut, servieren.

Tipp
🔴 Das Rühren der Füllung in einer Richtung ist sehr wichtig für den Geschmack. Eine gründlich durchgerührte Füllung schmeckt wesentlicher besser als eine wenig durchgerührte.

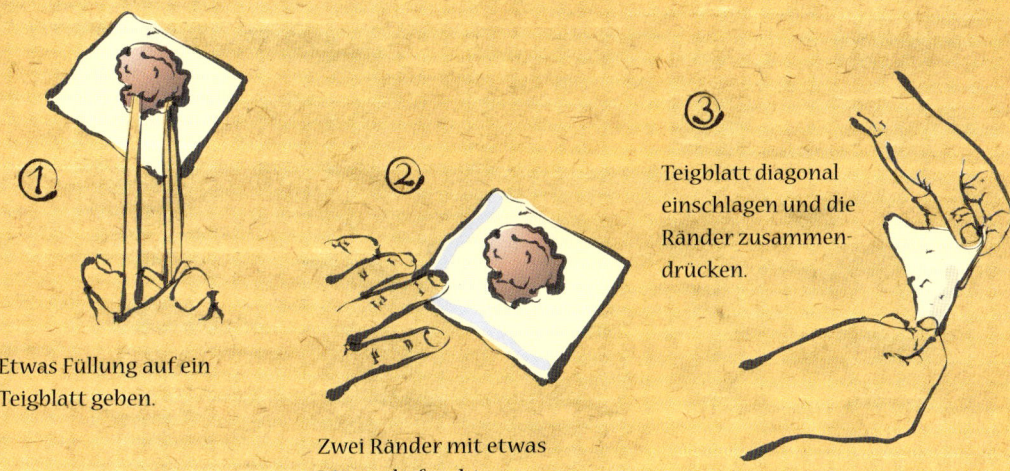

Etwas Füllung auf ein Teigblatt geben.

Zwei Ränder mit etwas Wasser befeuchten.

Teigblatt diagonal einschlagen und die Ränder zusammendrücken.

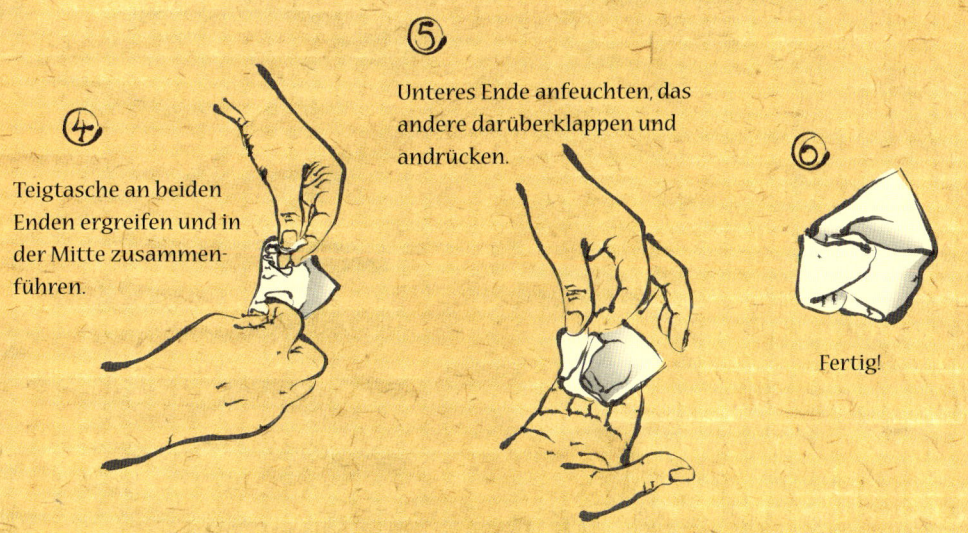

Teigtasche an beiden Enden ergreifen und in der Mitte zusammenführen.

Unteres Ende anfeuchten, das andere darüberklappen und andrücken.

Fertig!

Meine Familie, mein Mann und meine Verwandten in Anhui

Unsere Hochzeit

Daniel   Ich

Ich und Daniel

Mein Mann und ich

Wir lernten uns in einem Kurs für Comiczeichnen in Hamburg kennen. Es war mein erster Sommer in Deutschland, und wir konnten uns trotz meiner eingeschränkten Deutschkenntnisse gut verständigen – mithilfe von Händen und Füßen und kleinen Zeichnungen … Wir hatten dabei viel Spaß, da sich immer wieder lustige Missverständnisse ergaben, und lachten oft. Auch merkten wir schnell, dass wir uns beide sehr ähnlich waren: Wir mochten nicht nur gute Zeichnungen, sondern auch gutes Essen. Er lud mich zum Essen zu sich nach Hause ein. Während ich im Wohnzimmer saß, arbeitete er über eine Stunde lang allein in der Küche. Als ich ein paarmal meinen Kopf durch die Küchentür steckte, um zu schauen, was er gerade machte, sagte er immer:

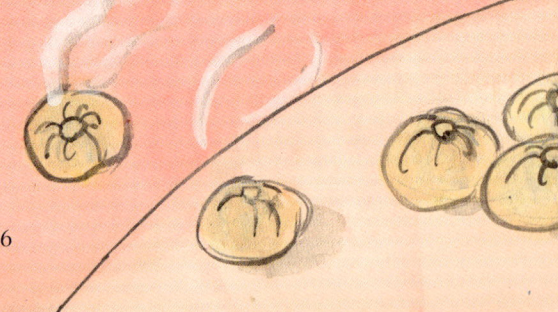

»Ich brauche keine Hilfe, du kannst gerne im Wohnzimmer Musik hören, gleich gibt es etwas Leckeres.« Ich war sehr gespannt, was für ein »leckeres« Essen ich bald genießen könnte. Ich stutzte, als ich das »Leckere« sah: In einer schönen großen Schüssel lag ein ganzes, helles »Gehirn«. »Das ist doch kein Gehirn, das ist ein gekochter Blumenkohl!« Es war ein wahrer Esskulturschock. In der chinesischen Küche wird vor dem Kochen alles kleingeschnitten, damit wir es mit Essstäbchen bequem aufnehmen können. So einen Blumenkohl im Ganzen hatte ich vorher noch nie auf dem Tisch gesehen.

Daniel in Südchina

Aber er war tatsächlich … lecker.

Daniel ist von der chinesischen Esskultur aber auch immer wieder schockiert, obwohl er meine Küche liebt und wir nun schon lange zusammenleben. Chinesen knabbern gerne Fleisch am Knochen, besonders Hühnerhals, Hühnerfüße, Entenkopf … »Das Fleisch am Knochen schmeckt am besten«, erklärte mein Vater ihm einmal, als wir in Peking waren, »weil sich das Fleisch dort viel bewegt.« Die Chinesen finden, das schmecke besser als Steak und Filet. Im Supermarkt in China kosten beispielsweise Hühnerbrust und Schweinesteak wesentlich weniger als Hühnerflügel oder Schweinerippen. Mein Mann versucht stets, uns Chinesen zu verstehen und nachzuahmen. Manches schmeckt ihm dort auch gut, wie zum Beispiel Hühnerflügel in roter Sauce, von meiner Mutter geschmort. Als wir dort waren, knabberte er mit den bloßen Händen viele dieser Flügel und trank dazu ein Glas Qingdao-Bier. Aber als er sah, wie unsere Familie am Esstisch saß und voller Vergnügen Hühnerfüße knabberte, mochte er nicht mitmachen. »Habt ihr denn vorher die Fingernägel von den Hühnern abgeschnitten?«, fragte er mich heimlich.

In einem Grillhaus in Peking aßen meine männlichen Freunde gerne Lammhoden oder -penis gegrillt. »Das kann deine Energie im Bett ankurbeln und deine Frau glücklich machen«, bedrängten die Freunde meinen Mann. Ich musste lachen, als ich seine Miene sah und er mir sagte: »Die Chinesen essen wirklich alles, was es auf der Welt gibt …«

Dou Shi Ji Ding Chao Mian
Gebratene Nudeln mit Huhn in Schwarzbohnensauce

Zutaten für 3–4 Personen

250 g	Hühnerbrust, in dünne Streifen geschnitten
300 g	Eiernudeln
9 EL	Pflanzenöl
3	Eier, verquirlt

Für die Marinade

1 EL	helle Sojasauce
1 EL	Reiswein
1 EL	Speisestärke
1 Prise	weißer Pfeffer
	Salz

Für die Sauce

2	Lauchzwiebeln, in dünne Ringe geschnitten
1 cm	Ingwer, geschält und fein gehackt
3	Knoblauchzehen, geschält und grob zerkleinert
5 EL	fermentierte Schwarzbohnen, grob zerkleinert
100 g	TK-Erbsen
150 ml	Hühnerbrühe
1 EL	helle Sojasauce
½ EL	dunkle Sojasauce
1 EL	Reiswein
1 EL	brauner Reisessig
1 TL	Zucker
	Salz

🍚 Die Hühnerbruststreifen mit den Zutaten für die Marinade vermengen und 20 Minuten marinieren lassen.

🍚 Die Eiernudeln nach Packungsanweisung kochen. Abgießen und mit 1 EL Öl mischen.

🍚 3 EL Öl im Wok stark erhitzen. Die verquirlten Eier darin goldgelb braten. Herausnehmen und beiseitestellen.

🍚 3 EL Öl in den Wok geben und die Hühnerbruststreifen pfannenrühren, bis sie etwas Farbe nehmen. Herausnehmen und beiseitestellen.

🍚 2 EL Öl im Wok stark erhitzen. Lauchzwiebeln, Ingwer, Knoblauch und Schwarzbohnen kurz pfannenrühren. Die Hühnerbruststreifen sowie die restlichen Zutaten für die Sauce dazugeben und kurz aufkochen lassen.

🍚 Die gekochten Nudeln und die gebratenen Eier unterrühren. Heiß servieren.

Cu Liu Wan Zi
Schweinehackbällchen in süßsaurer Sauce

Daniel auf dem See der tausend Inseln

Zutaten für 3–4 Personen
- 500 g Hackfleisch vom Schwein
- 4 EL Pflanzenöl
- 1 Lauchzwiebel, in dünne Ringe geschnitten
- ½ TL Sesamöl (nach Belieben)

Für die Marinade
- 2 Lauchzwiebeln, fein gehackt
- 1 cm Ingwer, geschält und fein gehackt
- 1 Ei
- 2 EL Speisestärke
- 2 EL Reiswein
- 4 EL kaltes Wasser
- Salz

Für die Sauce
- 1 EL Pflanzenöl
- 3 EL Zucker
- 4 EL Reisessig
- 1 TL dunkle Sojasauce
- 5 EL Wasser
- 1 Msp. Salz
- 1 TL Saucenbinder

▫ Das Hackfleisch mit den Zutaten für die Marinade in einer Schüssel gründlich vermengen, dabei nur in eine Richtung rühren. 10 Minuten marinieren lassen.

▫ Aus der Masse ca. 3 cm große Bällchen formen. Das Öl im Wok stark erhitzen und die Bällchen darin goldbraun braten. Herausnehmen und beiseitestellen.

▫ Das Öl mit Küchenpapier aus dem Wok saugen und den Wok sauberwischen.

▫ Die Zutaten für die Sauce, außer dem Saucenbinder, im Wok zum Kochen bringen. Die Hackbällchen dazugeben und 1–2 Minuten mitkochen lassen. Dann den Saucenbinder einrühren.

▫ Hackbällchen mitsamt Sauce auf einem Servierteller anrichten, mit Lauchzwiebelringen bestreuen und mit etwas Sesamöl beträufeln. Heiß mit gekochtem Reis servieren.

Cu Liu Tu Dou Si

Kartoffeln mit Schweinefleischstreifen (scharf)

Zutaten für 4 Personen

- 700 g Kartoffeln, in 0,5 cm breite Streifen geschnitten
- 150 g Schweinefilet, in dünne Streifen geschnitten
- 4 EL Pflanzenöl
- 4 getrocknete Chilischoten, in dünne Ringe geschnitten
- 2 Knoblauchzehen, geschält und in dünne Scheiben geschnitten
- ½ TL Zucker
- 1 EL helle Sojasauce
- 2 EL Reisessig
- 1 Prise Salz
- ½ TL Sesamöl

Für die Marinade

- 1 ½ TL Speisestärke
- 1 ½ TL Reiswein
- 1 TL dunkle Sojasauce
- 1 Prise Salz

▪ Die Kartoffelstreifen 10 Minuten in kaltes Wasser legen. Durch ein Sieb abgießen mit Wasser abspülen und abtropfen lassen. Das Schweinefilet mit den Zutaten für die Marinade mischen und 20 Minuten marinieren lassen.
▪ 2 EL Öl im Wok erhitzen. Die marinierten Filetstreifen darin pfannenrühren, bis sie etwas Farbe nehmen. Herausnehmen und beiseitestellen.
▪ Restliches Öl im Wok erhitzen. Chili und Knoblauch darin pfannenrühren, bis sich ihre Aromen entfalten. Kartoffeln dazugeben und pfannenrühren. Zucker, Sojasauce, Reisessig und Salz dazugeben und weitere 2 Minuten pfannenrühren.
▪ Die gebratenen Filetstreifen unterheben und das Gericht mit etwas Sesamöl beträufeln. Heiß mit gekochtem Reis servieren.

Niu Rou Lu Sen Si
Gebratenes Rindfleisch mit Spargel

Zutaten für 2–3 Personen

- 300 g Rindfleisch, in ca. 5 cm dicke Scheiben geschnitten
- 2 EL Pflanzenöl
- 200 g weißer Spargel, geschält und in dünne Scheiben geschnitten
- 1 EL Speisestärke

Für die Marinade

- 1 EL Reiswein
- 1 EL Speisestärke
- 2 EL Pflanzenöl
- 1 TL dunkle Sojasauce
- 1 Msp. gemahlener Pfeffer
- 1 Prise Salz
- 0,5 cm Ingwer, geschält und fein gehackt

Für die Sauce

- 2 cm Ingwer, geschält und fein gehackt
- 1 Lauchzwiebel, in dünne Ringe geschnitten
- 1 Msp. Zucker
- 1 TL dunkle Sojasauce
- 1 EL helle Sojasauce
- Salz

▣ Das Rindfleisch mit den Zutaten für die Marinade in einer Schüssel vermengen und 1 Stunde marinieren lassen.

▣ Das Öl im Wok stark erhitzen. Das Rindfleisch darin pfannenrühren, bis es etwas Farbe nimmt. Herausnehmen und beiseitestellen.

▣ Alle Zutaten für die Sauce mit 100 ml kaltem Wasser in den Wok geben und zum Kochen bringen. Die Speisestärke in 1½ EL Wasser lösen und unterrühren, bis die Sauce eindickt. Dann das Rindfleisch und die Spargelscheiben hineingeben und kurz unterrühren. Heiß mit gekochtem Reis servieren.

Hong Shao Ji Chi
Hühnerflügel in roter Sauce

Zutaten für 2–3 Personen
- 600 g Hühnerflügel
- 2 EL Zucker

Für die Sauce
- 1 EL helle Sojasauce
- 2 Knoblauchzehen, geschält und klein geschnitten
- 2 cm Ingwer, geschält und fein gehackt
- 2 getrocknete Chilischoten
- 1 TL Sichuanpfeffer
- 1 Sternanis
- 1 Lauchzwiebel, klein geschnitten
- Salz

▪ Die Hühnerflügel 1 Minute in sprudelndem Wasser kochen. Herausnehmen und beiseitestellen.

▪ Den Wok erhitzen. Den Zucker hineingeben und bei mittlerer Hitze rühren, bis er karamellisiert. Die Hühnerflügel dazugeben und pfannenrühren, bis die Flügel mit Karamell überzogen sind und sich rot verfärben.

▪ 400 ml heißes Wasser in den Wok gießen, dann alle Zutaten für die Sauce dazugeben und zum Kochen bringen. Deckel auflegen und alles 30 Minuten bei milder Hitze köcheln lassen.

▪ Den Deckel öffnen, Hitze erhöhen und 5 Minuten weiterkochen, bis die Sauce etwas eindickt. Die Hühnerflügel mitsamt Sauce auf einem Servierteller anrichten und heiß mit gekochtem Reis servieren.

Mein Mann in China

Als Daniel zum ersten Mal in das Heimatdorf meines Vaters in der Provinz Anhui kam, war er von der Landschaft, der Architektur und der Küche fasziniert. Die Dorfbewohner staunten auch – über ihn, einen Riesen, fast zwei Meter groß, mit einer langen Nase und blonden Haaren. Sie starrten ihn an und wollten ihn am liebsten anfassen, denn er war der erste Ausländer, den man in diesem abgelegenen Dorf je gesehen hatte.

In Peking fuhren wir zusammen auf Fahrrädern rund um die graue Mauer der Verbotenen Stadt und durch das riesige Tor des Kaiserhauses. Wir besuchten den Pekinger Tierpark, in dem früher mein Kindergarten gewesen ist. Heute ist nicht nur mein Kindergarten verschwunden. In Peking wurden beinahe alle alten Häuser abgerissen, auch die meisten der riesigen, alten Bäume wurden gefällt, um Platz für Hochhäuser und breite Straßen zu schaffen. Im Laufe der Jahre konnte ich meine Heimat immer weniger wiedererkennen. Die Stadt war nicht mehr das Peking, in dem ich aufgewachsen war und das in meiner Erinnerung lebendig ist. Heute ist es für mich eine fremde Stadt.

Zum Glück sitzen an dem See in der Altstadt noch immer viele Alte, die miteinander plaudern, Karten oder Schach spielen oder Theater mit Musik aufführen. Die Atmosphäre dort ist nach wie vor entspannend, in der Luft liegt auch heute noch ein Hauch der alten, versunkenen Kaiserstadt …

Und zum Glück schmeckte bei unserem letzten Besuch das Essen noch immer so gut wie früher. Meine Eltern kochten jeden Tag mehrgängige Menüs für uns. Dabei entdeckte mein Mann sein chinesisches Lieblingsessen: Baozi, eine Art gedämpfter Hefeteigknödel mit Füllung. »Baozi könnte ich jeden Tag essen«, sagt er. Eifrig lernte er sogleich, Baozi selbst zu machen, knetete den Hefeteig mit seinen kräftigen Händen und rührte die Füllung. Wenn wir Freunde zu Besuch haben, zeigt er gerne, wie er Baozi macht. Mit Stolz führt er sein Handwerk vor. Wir bereiten dann zusammen mit unseren Gästen das Essen zu und plaudern nebenbei … ganz wie in einer gemütlichen chinesischen Familie.

Baozi

Baozi – Hefeknödel mit Füllung

Als Hauptgericht für 4–6 Personen

Für den Teig
- 750 g   Mehl
- 375 ml lauwarmes Wasser
- 1 Würfel frische Hefe
- 1 Prise Zucker
- 1 Prise Salz

Für die Füllung
- 300 g Chinakohl, fein gehackt
- 200 g Hackfleisch vom Schwein
- 2   Lauchzwiebeln, fein gehackt
- 2 cm   Ingwer, geschält und fein gehackt
- 200 g Krabben, klein geschnitten
- 5   Donggu-Pilze, 20 Minuten in heißem Wasser eingeweicht, fein gehackt
- 3 EL   dunkle Sojasauce
- 4 EL   helle Sojasauce
- 2 EL   Reiswein
- 2 EL   Speisestärke
- 1 TL   Zucker

Außerdem
- 20 g   Schmalz
- 1 TL   Sichuanpfefferkörner
-        Salz

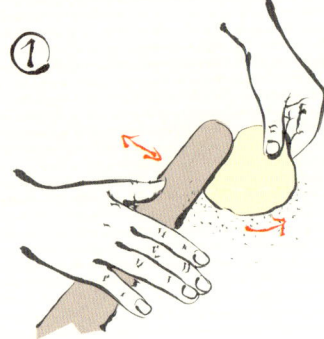

① Mit dem Nudelholz einen Kreis ausrollen, dabei das Teigstück stetig drehen, um einen gleichmäßigen Kreis zu erhalten.

② Ca. 1 ½ EL Füllung in die Teigmitte geben.

■ Aus den Zutaten für den Teig einen Hefeteig bereiten. Abgedeckt beiseitestellen.

■ Den Chinakohl in eine Schüssel geben, 2 TL Salz darüberstreuen und 10 Minuten Wasser ziehen lassen. Mit beiden Händen portionsweise das

③ Teigrand, an einer Stelle beginnend, wellenförmig zusammenfalten …

Wasser aus dem Kohl pressen. Den Chinakohl mit allen Zutaten für die Füllung und 2 EL kaltem Wasser und in einer großen Schüssel vermengen.

🔲 Das Schmalz im Wok erhitzen, bis es flüssig ist. Sichuanpfeffer dazugeben und braten, bis sich das Aroma entfaltet. Pfeffer herausnehmen und wegwerfen. Das flüssige Schmalz 1 Minute abkühlen lassen, dann über die Füllung gießen.

🔲 Die Füllung mit mehreren Essstäbchen oder einer Gabel mit gleichmäßiger Kraft in einer Richtung 5 Minuten rühren, bis die Füllung leicht klebrig wird.

🔲 Den Hefeteig auf einer bemehlten Arbeitsfläche zu einer Rolle formen und in walnussgroße Stücke teilen.

🔲 Die Teigstücke jeweils zu einer Kugel rollen, mit der Hand flachdrücken und mit dem Nudelholz zu kreisrunden Teigfladen von ca. 10 cm Durchmesser ausrollen. 1 ½ EL Füllung in die Mitte eines Teigkreises geben, dann den Teigrand zusammenfalten, sodass ein kleiner »Sack« entsteht (siehe Schritte 1–6). Auf diese Weise weitere Baozi herstellen, bis Teig und Füllung verbraucht sind.

🔲 Ein feuchtes Geschirrtuch (oder einige ganze Chinakohlblätter) in den Bambusdämpfer legen und die Knödel darauf verteilen. Darauf achten, dass zwischen den Knödeln ein Abstand von ca. 3 cm bleibt, sonst kleben sie später zusammen.

🔲 Den Wok zur Hälfte mit Wasser füllen. Das Wasser zum Kochen bringen, den Bambusdämpfer (oder mehrere Dämpfkörbe übereinander) hineinsetzen und die Baozi bei geschlossenem Deckel 15 Minuten dämpfen.

🔲 Am besten sofort essen. Achtung, die Knödel sind innen sehr heiß! Dazu passt brauner Reisessig, den man in einer kleinen Schale serviert.

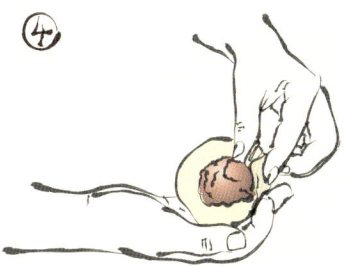

④

… dabei nacheinander Falte auf Falte legen und zusammendrücken.

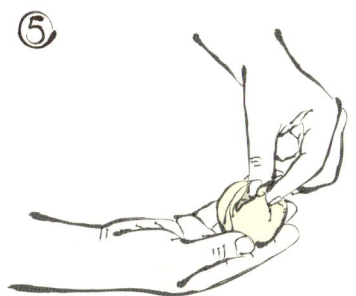

⑤

Es entsteht ein kleiner »Sack«, der am oberen Rand zusammengedrückt wird.

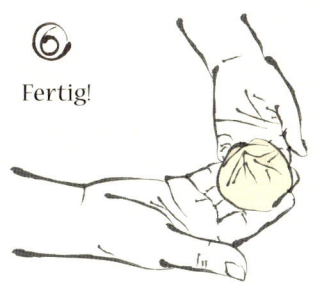

⑥

Fertig!

Glossar

Bei den Gewürzen wird jeweils auch der chinesische Originalname in Pinyin-Umschrift genannt. So kann man das Glossar bei Bedarf als Einkaufshilfe im Asialaden benutzen.

Austernsauce Hao You
Aus Sojasauce und Austern hergestellt, konzentriert, dunkelbraune Farbe.

Bambusdämpfer Zhu Zheng Long
Zylindrische Körbe aus Bambusgeflecht. Im Asialaden werden unterschiedliche Größen mit Deckel zu sehr günstigen Preisen angeboten. Die Körbe sind stapelbar, sodass man mehrere Speisen gleichzeitig im wassergefüllten Wok dämpfen kann. Falls man keinen Bambusdämpfer hat, kann man auch einen großen Topf verwenden: eine Tasse umgedreht in den Topf stellen, ca. 1 Liter Wasser einfüllen und das Gargut auf einem Teller auf die Tasse platzieren.

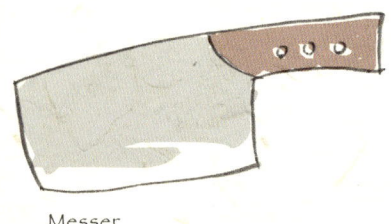

Chilischoten Gan La Jiao
In der chinesischen Küche werden meistens getrocknete Chilischoten verwendet, die schärfer sind als frische. Sie sollten rot und unbeschädigt sein. Chilis sind sehr unterschiedlich in der Schärfe. Die in den Rezepten genannte Menge können Sie je nach Vorliebe variieren.

Donggu-Pilze Dong Gu
Bekannter unter ihrem japanischen Namen Shiitake. Donggu-Pilze sind in Asia- oder Naturkostläden erhältlich, bisweilen auch in gut sortierten Supermärkten.

Dunkle Sojasauce Lao Chou
Dunkle Sojasauce schmeckt etwas süßer und ist dickflüssiger als die helle Variante. Man benutzt sie als

Würzsauce zum Kochen, und sie gibt den Gerichten eine schöne, rötliche Farbe.

Fermentierte schwarze Bohnen Dou Chi
Sojabohnen, die gedämpft, fermentiert, gelagert und danach luftgetrocknet werden. Ein aromatisches Gewürz, das den Appetit anregt.

Helle Sojasauce Sheng Chou
Helle Sojasauce schmeckt etwas salziger als die dunkle Sojasauce. Sie wird zum Kochen und zum Würzen von Salaten benutzt, die Farbe ist rötlichbraun.

Klebreis Nuo Mi
Verdankt seinen Namen seiner klebrigen Konsistenz, denn die Körner kleben nach dem Kochen oder Dämpfen fest aneinander.

Messer
Man benutzt in China oft nur ein einziges großes Messer für alles. Mit gut geschärften europäischen Messern kann man aber auch gut schneiden.

Mu-Err-Pilze Muer
Wörtlich »Holzohren«. Getrocknete Baumpilze, manchmal auch chinesische Morcheln genannt.

Salzige Bohnenpaste Tian Mian Jiang
Eine Paste aus Sojabohnen, Salz und Wasser. Wird oft in der nordchinesischen Küche benutzt.

Scharfe Bohnenpaste aus Sichuan Sichuan Dou Ban Jiang
Aus Sojabohnen oder dicken Bohnen, Weizenmehl, Chili, Salz und Wasser hergestellte Würzpaste, die in der Sichuanküche häufig verwendet wird. Im Asialaden gibt es mehrere Sorten, aber nur Bohnenpaste aus Sichuan schmeckt original.

Donggu-Pilze

Fermentierte schwarze Bohnen

Mu-Err-Pilze

Sichuanpfeffer

Schnittknoblauch Jiu Cai
Schmeckt ähnlich wie Bärlauch, ist aber länglich und dünner.

Schnittknoblauchblütenpaste Jiu Cai Hua
Bevor die Blüten des Schnittknoblauchs voll erblühen, werden sie geerntet, zerstoßen und zu einer Paste verarbeitet.

Sesamöl Zhi Ma You
Sesamöl hat einen sehr intensiven, angenehmen Geschmack. Es wird nur als Würzöl und entsprechend sparsam (tröpfchenweise) verwendet.

Sesampaste Zhi Ma Jiang
Kaufen Sie Sesampaste nur im Naturkostladen. Die Paste aus dem Asialaden ist oft zu zäh.

Sichuanpfeffer Hua Jiao
Das besondere Aroma des Sichuanpfeffers, der botanisch nicht mit dem schwarzen Pfeffer verwandt ist, steckt in seinen Samenkapseln. Er schmeckt scharf und verursacht ein taubes, kitzelndes Gefühl im Mund. In der Sichuanküche ergeben Sichuanpfeffer und roter Chili zusammen den besonderen und typischen Geschmack.

Speisestärke Dian Fen
In der chinesischen Küche dient Speisestärke oft als Schutz beim Braten oder Frittieren. Fleisch und Gemüse bleiben so zart und saftig. In kaltem Wasser gelöste Speisestärke dickt Saucen ein.

Menüvorschläge

In China werden die verschiedenen Speisen meist gleichzeitig auf den Tisch gestellt und nicht als aufeinanderfolgende Gänge serviert. Jeder kann sich dann mit den Essstäbchen von den Serviertellern bedienen, und man darf die verschiedenen Speisen kombinieren, ganz wie es einem gefällt: Süßes mit Salzigem, Saures mit Salzigem und so weiter – das regt den Appetit an, glauben die Chinesen. Desserts spielen in der chinesischen Küche keine große Rolle, oft wird nach dem Essen noch etwas frisches Obst serviert.

Menü 1
Wan-Tan-Suppe 114
Nach Fisch duftendes Schweinefleisch 39
Hühnerfleisch mit Cashewkernen 92
Zuckerschoten mit Knoblauch 94
Bernstein-Walnüsse 26

Menü 2
Sauer-scharfe Suppe 37
Gedämpfter Fisch 20
Duftende knusprige Ente 83
Grüne Bohnen mit Hackfleisch 110
Obst nach Belieben

Menü 3
Frühlingsrollen 54
Rindfleisch mit schwarzen Sojabohnen 111
Tofu mit Hackfleischfüllung 64
Chinakohl mit Krabben 68
Kürbiskuchen 99

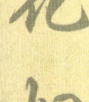

Menü 4

Selleriesalat mit Räuchertofu 50
Schweinefilet mit salziger Sojabohnenpaste 65
Mapo-Tofu 35
Mais mit Pinienkernen 113
Obst nach Belieben

Menü 5

Zucchinipfannkuchen 112
Schweinehackbällchen in süßsaurer Sauce 121
Gebratenes Rindfleisch mit Spargel 123
Spinat mit Pinienkernen 66
Klebreisknödel mit Schwarzsesamfüllung 78

Menü 6

Hühnersuppe mit Bambus 27
Tofu mit Hackfleischfüllung 64
Riesengarnelen in Ingwersauce 79
Gebratene Glasnudeln mit Sauerkraut und Schweinefleisch 106
Obst nach Belieben

Menü 7

Gedämpfte Zuckerschoten mit Füllung 19
Peking-Feuertopf 62
Obst nach Belieben

Rezepte alphabetisch

B
Bambussprossen mit Huhn 25
Baozi – Hefeknödel mit Füllung 128
Bernstein-Walnüsse 26

C
Chinakohl mit Krabben 68
Chinesische Teigtaschen 80

D
Doppelt gegarter Schweinebauch 36
Duftende knusprige Ente 83
Duftendes Schweinefilet 18

F
Fischfilet in roter Sauce 107
Fischfilet in scharfer Sauce (sehr scharf) 49
Fisch mit Hackfleischfüllung 22
Frühlingsrollen 54

G
Gebratene Glasnudeln mit Sauerkraut und Schweinefleisch 106
Gebratene Nudeln mit Huhn in Schwarzbohnensauce 120
Gebratenes Rindfleisch mit Spargel 123
Gedämpfte Zuckerschoten mit Füllung 19
Gedämpfter Fisch 20
Glasnudelsalat 95
Grüne Bohnen mit Hackfleisch 110

H
Hühnerbrust mit Erdnüssen 40
Hühnerfleisch mit Cashewkernen 92
Hühnerflügel in roter Sauce 124
Hühnersuppe mit Bambus 27

K

Kartoffeln mit Schweinefleischstreifen (scharf) 122
Kastanien mit Huhn 108
Klebreisknödel mit Schwarzsesamfüllung 78
Knusprige Auberginentaler 69
Kürbiskuchen 99

L

Lotosblättertaschen mit Klebreis und Huhn 100

M

Mais mit Pinienkernen 113
Mapo-Tofu 35

N

Nach Fisch duftende Auberginen (scharf) 48
Nach Fisch duftendes Schweinefleisch 39

P

Pekingente 70
Peking-Feuertopf 62

R

Riesengarnelen in Ingwersauce 79
Rindfleisch in roter Sauce 85
Rindfleisch in scharfer Sauce (sehr scharf) 41
Rindfleisch mit schwarzen Sojabohnen 111

Meine Eltern bei der Arbeit

Daniel in Peking

S
Salat mit Walnüssen in Austernsauce 91
Sauer-scharfe Suppe 37
Scholle in scharfer Sauce 76
Schnittknoblauch mit Eiern 84
Schweinebauch in roter Sauce 90
Schweinefilet mit salziger Sojabohnenpaste 65
Schweinehackbällchen in süßsaurer Sauce 121
Schweinerippchen in roter Sauce 77
Selleriesalat mit Räuchertofu 50
Spinat mit Pinienkernen 66

T
Tofu mit Hackfleischfüllung 64
Tofu mit Hühnerfleisch in dunkler Sauce (scharf) 51

W
Wan-Tan-Suppe 114

Z
Zucchinipfannkuchen 112
Zuckerschoten mit Knoblauch 94

Meine Schwester, mein Schwager und Daniel in Anhui

Danksagung

Ich danke meinen Eltern, die mir mit viel Liebe und Geduld das Kochen beigebracht haben. Ich danke meinem Mann Daniel, der mit großem Interesse und Vergnügen alle meine Rezepte getestet hat. Ich danke ihm auch für die Info-Illustrationen, die er für dieses Buch gezeichnet hat, und dafür, dass er mir mit seiner Kritik und seinen Anregungen viel geholfen hat. Ich möchte auch Lara Tunnat, Isabelle Fuchs, meinem Professor Rüdiger Stoye, Saskia Pape von Stryk, Tang Tian, Sonja Bougaeva, Renate Emme, Larissa Bertonasco, Wolf-Rüdiger Marunde, Katalin Golya, Friedrich Weskott, Wei Hong und Zhang Ying für ihre Unterstützung danken. Yolanda, danke für deine nette Begleitung.

Die Autorin

Li Hong, 1972 in Peking geboren, hat dort und in Hamburg Malerei und Illustration studiert. Ihren Abschluss an der HAW Hamburg machte sie als Buchillustratorin. Sie lebt heute mit ihrem Mann in Berlin.

Illustrationen, Texte und Rezepte: Li Hong
Copyright © Illustrationen: Li Hong

Copyright © 2011 Gerstenberg Verlag, Hildesheim
Alle Rechte vorbehalten.
Satz und Redaktion: bookwise Medienproduktion GmbH, München
Druck und Bindung: Tlačiarne BB, Banská Bystrica
Printed in the Slovak Republic

www.gerstenberg-verlag.de

ISBN 978-3-8369-2609-6